Ira König

Ich bring' Dich zum Kochen

Wirklich einfache Rezepte für Ungeübte

buecherschmie.de®

Inhalt

Allgemeines

Rezepte mit Fleisch und Geflügel

Rezepte mit Fisch

Rezepte mit Gemüse

An die Töpfe – fertig – los!

»Eigentlich kann ich ja gar nicht kochen!«
»Ich habe das zu Hause nie gelernt!«
»Ich traue mich nur an Tiefkühlpizza, Fisch-
stäbchen und Dosenravioli ran!«

Kommt Ihnen das bekannt vor? Obwohl Sie natürlich wissen, dass Selbstgekochtes besser schmeckt, gesünder und in den meisten Fällen auch deutlich preiswerter ist als Fertiggerichte aus der Dose oder dem Kühl- bzw. Tiefkühlregal im Supermarkt? Aber ... Sie haben sich bisher noch nicht getraut, selbst zu kochen, weil es Ihnen niemand so wirklich gezeigt hat, weil Ihnen ganz einfach Koch-Know-how fehlt?

Ich bring' Dich zum Kochen! – der Titel dieses Buches ist unser Programm.

Nach dem Motto: »Zuschauen und selbst machen« möchten wir Ihnen mit diesem Buch Mut machen und auf anschauliche und praktische Weise zeigen, wie schnell und einfach Sie ein ausgewogenes und leckeres Essen für sich und Ihre Familie oder Ihre Freunde zubereiten können.

Der Einstieg soll leichtfallen – deshalb bieten wir Ihnen außer den Schritt-für-Schritt-Rezepten auch detaillierte Bildfolgen, die zeigen, wie einfach Kochen ist.

Jedes der 40 Rezepte in diesem Buch wurde mit großer Sorgfalt entwickelt und speziell auf Kocheinsteiger abgestimmt. Vorkenntnisse sind nicht erforderlich – Sie werden alle Gerichte ohne Probleme zubereiten können.

Die einzelnen Kochschritte sind detailliert und leicht verständlich beschrieben. Die Zutaten werden beim Rezept abgebildet. Das hilft Ihnen beim Einkaufen und zeigt Ihnen auf den ersten Blick, dass gutes und gesundes Essen keine exotischen Lebensmittel braucht, alles ist im Supermarkt erhältlich. Denn wer bei Zeitknappheit erst noch in drei verschiedene Feinkostläden gehen muss, stellt sich im Zweifelsfall erst gar nicht in die Küche.

Das möchten wir Ihnen ersparen – wir wollen Sie ja zum Kochen bringen!

Schon bald werden Sie von sich sagen können: »Ja, das habe ich selbst gekocht! Und es schmeckt richtig lecker!« Legen Sie einfach los, trauen Sie sich! Begeisterte Komplimente von Familie oder Freunden sind Ihnen gewiss!

Zusätzlich gibt es noch eine praktische Hilfe, die wir für Sie bereitgestellt haben: Auf unserer Homepage www.buecherschmie.de können Sie sich die Zutatenliste für jedes Rezept herunterladen. So schnell haben Sie noch nie einen Einkaufszettel geschrieben!

Schreiben Sie uns unter info@buecherschmie.de, wir sind neugierig auf Ihre Erfahrungen!

Viel Spaß und guten Appetit wünscht Ihnen

Ihr buecherschmie.de-Team

> **Gewusst wie (viel)**
> **Die im Buch verwendeten Abkürzungen**
> **und Maßeinheiten auf einen Blick finden Sie**
> **auf Seite 96.**

Kleines Abc der Gemüsevorbereitung

Ran ans Gemüse! Gesund und schmackhaft essen, kochen mit frischem Gemüse und aromatischen Kräutern – wer möchte das nicht gerne einmal ausprobieren? Aber wie bekommt man Paprikaschoten, Zucchini und Blumenkohl in den Topf bzw. in die gewünschte Form? Welche Schnitte sind nötig, was ist am Lebensmittel essbar und was nicht? Hier sehen Sie Schritt für Schritt, wie man die im Buch verwendeten Gemüsesorten zum Kochen vorbereitet. So kann nichts mehr schiefgehen. Und – bitte kein Perfektionismus! Gemüse kann, muss aber nicht exakt und penibel gleichmäßig geschnitten sein. Viel wesentlicher: Es ist selbst gekocht!

Austernpilze

1 Pilze mit einem kleinen Messer von der Kolonie trennen.

2 Vom Ende des Pilzstiels eine dünne Scheibe abschneiden.

3 Mit einem feuchten Küchenpapier abwischen.

4 Die Austernpilze in Scheiben schneiden.

Blumenkohl

1 Die äußeren dunkelgrünen Blätter mit einem kleinen Messer abschneiden.

2 Die Blumenkohlröschen einzeln und in gewünschter Größe vom Strunk schneiden.

3 Große Röschen noch einmal halbieren und alles gründlich waschen.

Brokkoli

1 Die Brokkoliröschen mit einem kleinen Messer einzeln vom Strunk schneiden.

2 Brokkolistiel mit dem Messer schälen. Röschen und Stiel waschen.

3 Den Brokkolistiel in Scheiben schneiden.

Champignons

1 Die Champignonköpfe mit einem feuchten Küchenpapier abwischen.

2 An den Enden des Pilzstiels jeweils eine dünne Scheibe abschneiden.

3 Die Champignons mit einem kleinen Messer in Scheiben schneiden.

Frühlings- oder Lauchzwiebeln

1 Den Wurzelansatz der Frühlings- zwiebeln abschneiden.

2 Etwa 10 cm des Zwiebelgrüns abschnei- den. Es wird nicht verwendet.

3 Frühlingszwiebeln waschen, vorsichtig abtrocknen und in dünne Ringe schneiden.

Grüne Bohnen

1 Bohnen waschen und den Stielansatz abschneiden; die Spitze bleibt an der Bohne.

2 Eventuell vorhandene braune Stellen großzügig wegschneiden.

3 Die Bohnen in je 3 bis 4 etwa gleichlange Stücke schneiden.

Hokkaidokürbis

1 Den Kürbis waschen, abtrocknen und mit einem langen Messer längs halbieren.

2 Die Kerne und das weiche Innere mit einem Esslöffel herauskratzen.

3 Den Kürbis mit der Schnittfläche nach unten in etwa 2 cm breite Spalten schneiden.

4 Die ungeschälten (!) Kürbisspalten in der gewünschten Größe in Würfel schneiden.

Knoblauch

1 Die gewünschte Anzahl Zehen aus der Knoblauchknolle brechen.

2 Wurzelende und Spitze abschneiden. Von den Knoblauchzehen die Haut abziehen.

3 **Knoblauch würfeln:** Zehen längs in dünne Scheiben schneiden und stifteln, dann würfeln.

4 **Knoblauch pressen:** Ganze Zehen durch eine Knoblauchpresse drücken. Ganz einfach!

Knollensellerie

1 Den unteren Teil mit einem kleinen Messer von Wurzeln und Schale befreien.

2 Den oberen Teil mit einem Sparschäler möglichst dünn schälen.

3 Die Knolle längs halbieren, auf die Schnittfläche legen und in 1 cm dünne Scheiben schneiden.

4 Die Scheiben in etwa 1 cm breite Streifen schneiden und würfeln.

Lauch oder Porree

1 Vom Lauch den dunkelgrünen Teil abschneiden. Er wird nicht verwendet.

2 Weißen und hellgrünen Teil mit einem großen Messer der Länge nach halbieren.

3 Die Hälften jeweils auf die Schnittfläche legen und in Halbringe schneiden.

Möhren

1 Möhren waschen und mit einem Sparschäler schälen.

2 Beide Enden mit einem kleinen Messer abschneiden.

3 Möhren je nach Dicke längs halbieren, kleine ganz lassen.

4 Die Hälften in etwa 1 cm breite Scheiben schneiden.

Paprikaschoten

1 Paprika waschen und mit einem großen Messer der Länge nach in 4 Teile schneiden.

2 Den grünen Stiel mit einem kleinen Messer von den Vierteln abschneiden.

3 Trennwände und Kerne mit Hilfe eines kleinen Messers entfernen.

4 Paprikaviertel längs in Streifen schneiden und in die gewünschte Größe würfeln.

Salatgurke

1 Stielansatz abschneiden und die Gurke mit einem Sparschäler schälen.

2 Gurke halbieren. Kerne mit einem Teelöffel herauskratzen. Gurke in Scheiben schneiden.

Ingwer

1 Ingwer mit der scharfen Kante eines Teelöffels dünn abschälen.

2 Vom Ingwer dünne Scheiben abschneiden, diese stifteln und sehr fein würfeln.

Stauden- oder Bleichsellerie

1 Die gewünschte Stangenanzahl mit einem kleinen Messer vom Strunk abschneiden.

2 Die zähen Fasern der äußeren Stangen von unten nach oben mit einem Messer abziehen.

3 Das Blattgrün abschneiden und die Stangen unter fließend kaltem Wasser waschen.

4 Die einzelnen Stangen in Scheiben in der gewünschten Dicke schneiden.

Tomaten

1 Gewaschene Tomaten mit scharfem Messer längs halbieren, Hälften ebenso halbieren.

2 Aus den Vierteln den Stielansatz herausschneiden.

Zucchini

1 Zucchini waschen, Stielansatz abschneiden. Zucchini in Scheiben schneiden.

2 **Zucchini würfeln:** Scheiben dicker schneiden, in Spalten teilen und würfeln.

Wirsingkohl

1 Vom Wirsing die 4 bis 5 äußeren dunklen und harten Blätter abbrechen. Kopf waschen.

2 Den Kohlkopf mit einem langen Messer von oben nach unten halbieren.

3 Die Hälften auf die Schnittflächen legen, halbieren. Holzigen Strunk keilförmig entfernen.

4 Kohlviertel in ca. 2 cm breite Scheiben schneiden – die Blätter zerfallen dann.

Zwiebeln

1 Zwiebel 3 Min. in warmes Wasser legen. Längs halbieren. Die Schale von oben abziehen.

2 **Halbringe schneiden:** Hälften auf die Schnittfläche legen, in Halbringe schneiden.

3 **Zwiebel würfeln:** Hälften auf die Schnittfläche legen, längs in kleinen Abständen bis …

4 … kurz vor dem Wurzelansatz einschneiden, dann quer dazu kleine Würfel abschneiden.

Wie kocht man eigentlich …?

»Meine Bratkartoffeln sind angebrannt!«, »Die Nudeln sind wieder zu weich!« Kommt Ihnen das bekannt vor? Dann lesen Sie hier weiter und erfahren Sie, wie einfach es ist, dampfende Salzkartoffeln, knusprig braune Bratkartoffeln oder bissfeste Nudeln auf den Tisch zu bringen.

Salzkartoffeln

Pro Person rechnet man 150 bis 200 Gramm Kartoffeln, also für 4 Personen 600 bis 800 Gramm. Für Salzkartoffeln sind festkochende bzw. vorwiegend festkochende Sorten ideal.

Die Kartoffeln waschen und am besten mit einem Sparschäler schälen. Dunkle Augen mit dem eckigen Ansatz des Sparschälers oder mit einem kleinen spitzen Messer herausschneiden. Kartoffeln vierteln und in einen mittelgroßen Topf legen. So viel kaltes Wasser zugeben, dass sie gut bedeckt sind. Topf mit dem passenden Deckel schließen und das Wasser bei starker Hitze zum Kochen bringen. Bei 600 bis 800 Gramm Kartoffeln 1 gehäuften Teelöffel Salz zugeben und die Kartoffeln zugedeckt bei mittlerer Hitze etwa 20 Minuten gerade eben kochen lassen. Nach dieser Zeit mit dem spitzen Messer in eine Kartoffel stechen: Sie sind gar, wenn das ganz leicht geht. Wenn nicht: Kartoffeln ein paar Minuten weiterkochen.

Dann das Kartoffelwasser abgießen. Die Kartoffeln offen im Topf auf der ausgeschalteten Kochstelle kurz stehen lassen, damit verbliebene Wasserreste verdampfen und die Kartoffeln trocknen können.

Salzkartoffeln

1 Kartoffeln gründlich waschen. Die Schale mit einem Sparschäler möglichst dünn abschälen. Dunkle Augen herausstechen oder -schneiden.

2 Die Kartoffeln halbieren, die Hälften ebenfalls halbieren. Die Viertel zügig in kaltes Wasser legen, sonst verfärben sich die Kartoffeln braun.

3 Kartoffeln in Salzwasser zugedeckt bei mittlerer Hitze ca. 20 Min kochen. Mit einem Messer die Garprobe machen: Kann man leicht reinstechen, sind die Kartoffeln fertig.

Kartoffelpüree

Hier eignen sich vorwiegend festkochende und mehlig kochende Kartoffeln, die Menge entspricht der von Salzkartoffeln (also 150 bis 200 Gramm pro Portion). Kartoffeln zunächst als Salzkartoffeln kochen (siehe Seite 11). Die abgedämpften Kartoffeln mit einem Kartoffelstampfer oder einer Gabel zerdrücken. Dann 150 bis 200 Milliliter kochend heiße Milch und 20 Gramm Butter mit einem Kochlöffel unter die Kartoffeln mengen. Die zerdrückten Kartoffeln zu einem cremigen Püree verrühren.

Tipp Besonders gut schmeckt das Püree, wenn es zum Schluss mit etwas frisch geriebener Muskatnuss gewürzt wird.

Pellkartoffeln

Dafür rechnet man die gleiche Menge wie für Salzkartoffeln (also 150 bis 200 Gramm pro Portion). Es eignen sich festkochende und vorwiegend fest-kochende Sorten am besten. Die gewaschenen Kartoffeln in einem mittelgroßen Topf knapp mit kaltem Wasser bedeckt und zugedeckt bei starker Hitze zum Kochen bringen. Pellkartoffeln werden nicht gesalzen. Sobald das Wasser siedet, die Kartoffeln bei mittlerer Hitze etwa 20 Minuten kochen lassen. Dann die Garprobe wie bei Salzkartoffeln machen. Pellkartoffeln abgießen und mit kaltem Wasser abschrecken. Dadurch wird der Garvorgang beendet, und die Kartoffelschale lässt sich von der noch heißen Kartoffel mit einem kleinen Messer ganz einfach abpellen.

Bratkartoffeln

Dafür 600 Gramm Kartoffeln (ergibt 4 Portionen) im Idealfall am Vortag oder zumindest einige Stunden vor dem Essen als Pell- oder Salzkartoffeln kochen; die Pellkartoffeln pellen. Mit feuchtem Küchenpapier abgedeckt auskühlen lassen (bei Zubereitung am Vortag danach kalt stellen). Kartoffeln in Scheiben schneiden – sie werden

Kartoffelpüree

1 Kartoffeln schälen, vierteln und als Salzkartoffeln kochen. Gare Kartoffeln abgießen und mit einer Gabel zerdrücken.

2 In einem zweiten Topf Milch zum Kochen bringen und mit einem Stück Butter zu den gestampften Kartoffeln geben.

3 Milch, Butter und Kartoffeln mit einem Kochlöffel vermengen und zu einem cremigen Püree rühren.

übrigens schön gleichmäßig, wenn man einen Eierschneider benutzt. 30 Gramm Butterschmalz in einer großen Pfanne erhitzen und darin 80 Gramm Baconstreifen bei mittlerer Hitze unter gelegentlichem Wenden in ca. 5 Minuten knusprig braten. Kartoffeln darauf geben und bei mittlerer Hitze etwa 10 Minuten ohne zu wenden braten. Inzwischen 2 Zwiebeln würfeln (siehe Seite 10). Kartoffeln bei stärkerer Hitze knusprig braten. Zwiebelwürfel und 30 Gramm Butterschmalz dazugeben, Kartoffeln vorsichtig wenden. Bei mittlerer Hitze weitere 5 Minuten braten, dann bei stärkerer Hitze knusprig braten. Pfanne von der Kochstelle nehmen, Kartoffeln mit Salz und Pfeffer würzen und vorsichtig durchmengen. Dazu passt z. B. ein Blattsalat, den ganz Eilige auch bereits geputzt im Kühlregal des Supermarktes finden. Rezepte für leckere Dressings finden Sie auf den Seiten 26, 65 und 91. Oder Sie servieren Bratkartoffeln mit fertigem Kräuterquark. Luxuriöser wird es mit Räucherlachs in Scheiben oder Roastbeefaufschnitt.

Nudeln

Für perfekte Nudeln bringt man pro 100 Gramm Nudeln 1 Liter Wasser in einem großen Topf mit Deckel zum Kochen (pro Person rechnet man für Nudelhauptgerichte 100 bis 120 Gramm). 1 leicht gehäuften Teelöffel Salz mit den Nudeln ins sprudelnd kochende Wasser geben. Aufkochen und die Nudeln ohne Deckel bei mittlerer Hitze nach Packungsanleitung bissfest – al dente – kochen: Sie fühlen sich insgesamt weich an, haben aber noch einen bissfesten Kern. Am Ende der Kochzeit daher immer probieren und gegebenenfalls noch ein paar Minuten weiterkochen. Dann die Nudeln in ein Sieb abgießen und kurz abtropfen lassen – dabei bitte nicht abschrecken, sondern sofort mit der Sauce Ihrer Wahl mischen.

Tipp Nudeln werden nur (!) für Salat abgeschreckt. Nach dem Abschrecken sehr gut abtropfen lassen und am besten auf einem leicht geölten Blech bis zur Weiterverwendung aufbewahren: So kleben sie garantiert nicht zusammen.

Pellkartoffeln

1 Gewaschene Kartoffeln knapp bedeckt in Wasser kochen. Die Garprobe machen.

2 Die Kartoffeln mit kaltem Wasser abschrecken und noch heiß pellen.

Für Bratkartoffeln oder Kartoffelsalat

1 Gepellte Kartoffeln mit einem feuchten Küchenpapier abdecken.

2 Gleichmäßige Scheiben: Abgekühlte Kartoffeln mit einem Eierschneider schneiden.

Küchenausstattung

Eine praktische und sinnvolle Küchenausstattung ist beim Kochen die halbe Miete: Mit guten Messern, Töpfen, Pfannen & Co. macht auch Ungeübten das Kochen Spaß! Ärgern Sie sich nicht mit unpraktischen und überflüssigen Küchenutensilien herum – mit den Dingen auf dieser Doppelseite ist Ihre Küche optimal ausgestattet.

Töpfe, Pfannen & Ofengeschirr

Töpfe und Pfannen sollten auf die Kochplattengröße abgestimmt sein – die Böden sind also 1 bis 2 cm größer als die Platte, auf der sie stehen.

Großer Topf mit Deckel (ca. 5 l Inhalt) Für die Zubereitung von Eintöpfen und Suppen, zum Anbraten und Schmoren von Fleisch.

2 mittelgroße Töpfe mit Deckel (3 – 4 l Inhalt) Zum Garen von Nudeln, Reis, Kartoffeln und Gemüse.

Große beschichtete Pfanne mit Deckel und hohem Rand (28 cm Ø) Zum Kurzbraten von Fleisch, Gemüse sowie zum Schmoren von Gemüsepfannen und Ragouts.

Große Auflaufform (35 x 25 cm, aus Glas oder Keramik) Für Aufläufe und Gratiniertes jeder Art.

Schüsseln und Siebe

Großes Nudelsieb Zum Abgießen von gekochten Nudeln, zum Waschen von Salat und Gemüse.

Große und kleine Vorratsschüsseln aus Kunststoff (praktischerweise mit Deckel) Für die Zubereitung von Salatsaucen und zum Vermengen von Salaten; zum Aufbewahren von vorbereiteten Zutaten, Speiseresten und unverpackten Lebensmitteln.

Messer, Kochlöffel & mehr

Kleines Messer Unverzichtbar zum Putzen, Schälen und Schneiden von Obst, Gemüse, Kartoffeln, Knoblauch und Zwiebeln.

Großes Kochmesser Eignet sich zum Zerteilen von Fleisch und Fisch oder zum Hacken von Kräutern und Nüssen. Erfahrene Köche nehmen für letzteres ein Messer mit breiter Klinge.

Schneid-/Pürierstab Zum sämigen Pürieren von Suppen und Saucen.

Knoblauchpresse Praktisch zum effektiven Zerkleinern von Knoblauchzehen.

Sparschäler Unverzichtbar zum Schälen von Gemüse, Obst und Kartoffeln; schneidet auch Möhren und Zucchini in perfekt gleichmäßige Streifen.

Pfannenwender Ideal aus Holz oder Kunststoff zum kratzfreien Wenden in beschichteten Pfannen

Schneebesen Dient u. a. zum klümpchenfreien Verrühren von Saucen.

Kochlöffel Aus Holz oder Kunststoff.

Reibe Besonders praktisch mit verschieden groben Reibeflächen. Für Käse, Muskatnuss oder auch Obst und Gemüse.

Schöpfkelle Für Suppen, Eintöpfe und Saucen

Topflappen Besonders praktisch: Topfhandschuhe mit möglichst langem Schaft.

Waagen & Messbecher

Küchenwaage Unverzichtbar, um Mengen genau abzuwiegen.

Messbecher Zum Abmessen von Brühe, Wasser, Wein etc. benötigt man 2 Messbecher: einen 1-l-Messbecher für größere Mengen und einen kleinen für geringe Mengen.

Küchenbretter

Sie benötigen 2 Küchenbretter: ein kleines Brett zum Schneiden von Knoblauch und Zwiebeln, am besten aus Kunststoff. Und ein zweites zum Schneiden von Obst, Gemüse, Fisch und Fleisch. Profis haben ein separates Brett zum Vorbereiten von Fisch und Meeresfrüchten.

1 Messbecher, groß **2** Messbecher, klein **3** Küchenwaage **4** Reibe **5** Pfanne mit Deckel **6** Topfhandschuh **7** Schöpfkelle **8** Messer, groß **9** Messer, mittelgroß **10** Messer, klein **11** Sparschäler

12 Kochlöffel **13** Pfannenwender **14** Schneebesen **15** Eierschneider **16** Knoblauchpresse **17** Nudelsieb **18** Auflaufform **19** Pürier-/Schneidstab **20** Vorratsdosen **21** Schneidebretter **22** Kochtöpfe

Frikadellen mit Kartoffelsalat

Zutaten für 4 Personen

Für den Kartoffelsalat

150 g Naturjoghurt
aus Magermilch

100 g Salatmayonnaise

1 EL Senf

2 EL Essig (z. B. Weißweinessig)

Salz

Pfeffer

750 g gekochte Pellkartoffeln
(festkochend;
siehe Seite 12)

150 g TK-Erbsen,
gefroren

Für die Frikadellen

1 Brötchen vom Vortag

125 ml Milch

1 Zwiebel

500 g gemischtes Hackfleisch

1 Ei (Größe M)

1 EL Senf

Salz

Pfeffer

3 EL Öl

Zubereitungszeit
ca. 45 Min.

1. Joghurt, Mayonnaise, Senf und Essig in einer großen Schüssel mit einem Schneebesen verrühren. Mit Salz und Pfeffer kräftig abschmecken. Kartoffeln pellen und mit einem Messer oder Eierschneider in dünne Scheiben schneiden (siehe Seite 13). Mit der Joghurtmayonnaise vermischen.

2. In einem kleinen Topf ½ l Wasser aufkochen, die gefrorenen Erbsen dazugeben und 3 Minuten bei mittlerer Hitze kochen lassen. In ein Sieb schütten, kalt abspülen, abtropfen lassen und unter den Kartoffelsalat mischen. Salat abgedeckt beiseitestellen.

3. Brötchen in Scheiben schneiden und in einer flachen Schale mit der Milch übergießen. Beiseitestellen. Zwiebel der Länge nach halbieren, abziehen und in kleine Würfel schneiden (siehe Seite 10).

4. Hackfleisch, Ei, Senf, Zwiebelwürfel und Brötchen in eine große Schüssel geben. Etwas Salz und Pfeffer dazugeben und alles mit den Händen kräftig durchkneten. Hackteig in 8 Portionen teilen und zu Frikadellen formen.

5. Öl in einer großen Pfanne erhitzen. Frikadellen darin bei mittlerer Hitze auf jeder Seite 6 Minuten braten. Die fertigen Frikadellen mit dem Kartoffelsalat anrichten.

Clevertipp Zwiebeln lassen sich besonders leicht abziehen, wenn man sie vorher ein paar Minuten in warmes Wasser legt.

Bohnen-Tomaten-Topf mit Schweinenacken

1. Das Fleisch in 3 cm große Würfel schneiden. Fleischwürfel abgedeckt beiseitestellen. Bohnen waschen und in einem Sieb abtropfen lassen. Stielenden der Bohnen mit einem kleinen Messer abschneiden, Bohnen in 3 oder 4 Stücke schneiden (siehe Seite 7). Zwiebeln und Knoblauch abziehen. Zwiebeln der Länge nach halbieren und in ½ cm dicke Halbringe schneiden (siehe Seite 7 und 10).

2. Kartoffeln waschen und schälen. In 3 cm dicke Scheiben, dann in 3 cm große Würfel schneiden. In einen Topf geben, mit kaltem Wasser bedecken und zugedeckt bei starker Hitze aufkochen. 1 TL Salz dazugeben und bei mittlerer Hitze in 20 Minuten garen (siehe Seite 11).

3. Inzwischen 2 EL Öl in einem großen Topf erhitzen. Fleisch mit etwas Salz und Pfeffer bestreuen und bei starker Hitze im heißen Öl rundum 5 Minuten anbraten. Fleisch herausheben. 1 EL Öl und die Zwiebeln in den Topf geben und bei mittlerer Hitze unter Rühren 3 Minuten braten. Knoblauch dazupressen und unterrühren. Fleisch, Bohnen, Tomaten und Brühe dazugeben. Kräftig mit Pfeffer würzen. Zugedeckt bei starker Hitze aufkochen und bei mittlerer Hitze 15 Minuten kochen lassen.

4. Kartoffeln abgießen und auf der ausgeschalteten Kochstelle zugedeckt warm halten. Petersilie waschen und trockenschütteln. Blättchen abzupfen und hacken. Den Bohnen-Tomaten-Topf mit etwas Salz und Pfeffer nachwürzen, Petersilie darüberstreuen und mit den Kartoffeln anrichten.

Clevertipp Grüne Bohnen haben in Deutschland zwischen Juni und September Saison. In den anderen Monaten können Sie auf Tiefkühlware zurückgreifen. Tiefgekühlte Bohnen sind schon geputzt und werden erst 5 Minuten vor Ende der Garzeit gefroren unter Fleisch und Tomaten gemischt.

Zutaten für 4 Personen

4 Schweinenackensteaks (à 150 g) oder
600 g Schweinenacken am Stück

600 g frische grüne Bohnen

2 Zwiebeln

1 Knoblauchzehe

700 g festkochende Kartoffeln

Salz

3 EL Öl

Pfeffer

1 Dose stückige Tomaten (»Pizzatomaten«; 400 g Füllmenge)

200 ml Brühe (z. B. Fleischbrühe)

6 Stiele Petersilie

Zubereitungszeit ca. 45 Min.

Gratinierte Schweinesteaks

Zutaten für 4 Personen

2 Zucchini (ca. 400 g)

1 große Zwiebel

8 Minutensteaks vom Schwein
(à ca. 60 g)

5 EL Öl

Salz

Pfeffer

1 große Dose geschälte
Tomaten (800 g Füllmenge)

1 gehäufter EL getrocknete
italienische Kräuter

400 g dünne Bandnudeln

100 g geriebener Gouda

**Zubereitungszeit
ca. 45 Min.**

1. Backofen auf 220 °C (Umluft 200 °C) vorheizen. Zucchini putzen, waschen und längs vierteln. Viertel in Stücke (1,5 x 1,5 cm) schneiden. Zwiebel abziehen und in Würfel schneiden (siehe Seite 10).

2. Minutensteaks waschen und mit Küchenpapier trockentupfen. 2 EL Öl in einer großen Pfanne erhitzen, 4 Steaks im heißen Öl von jeder Seite 1 Minute bei mittlerer bis starker Hitze braten. Mit Salz und Pfeffer würzen und herausnehmen. Weitere 2 EL Öl in die Pfanne geben und mit den restlichen 4 Minutensteaks ebenso verfahren.

3. 1 EL Öl in die heiße Pfanne geben. Zwiebelwürfel und Zucchini darin ca. 5 Minuten bei mittlerer Hitze unter Wenden braten, mit Salz und Pfeffer würzen. Tomaten samt Saft zugeben, die Tomaten mit einem Kochlöffel etwas zerkleinern. Mit getrockneten Kräutern, Salz und Pfeffer würzen, aufkochen und vom Herd nehmen.

4. Nudeln in einem großen Topf nach Packungsanleitung in reichlich kochendem Salzwasser garen. Zucchini-Tomaten-Gemüse in eine Auflaufform (35 x 25 cm) geben und die Steaks darauf verteilen. Mit geriebenem Gouda bestreuen und im heißen Ofen auf der mittleren Schiene 10 Minuten gratinieren. Nudeln abgießen, abtropfen lassen und zu den gratinierten Minutensteaks reichen.

Clevertipp Das Tomaten-Zucchini-Gemüse schmeckt auch zu Frikadellen oder Fischstäbchen sehr lecker. Dafür das Gemüse nach dem Aufkochen ohne Deckel ca. 5 Minuten köcheln lassen. Dazu passt Reis aus dem Kochbeutel.

Hähnchenkeulen Texmex

Zutaten für 4 Personen

1 TL Currypulver

1 TL Paprikapulver edelsüß

1 TL getrockneter Oregano

6 EL Olivenöl

Salz

4 Hähnchenkeulen
(à ca. 300 g)

3 Paprikaschoten
(rot, grün und gelb)

2 Zwiebeln

1 Dose Mais (300 g Füllmenge)

1 Dose Kidneybohnen
(400 g Füllmenge)

250 g Schmand

Baguette nach Belieben

**Zubereitungszeit
ca. 45 Min.**

1. Backofen auf 220 °C (Umluft 200 °C) vorheizen. Curry- und Paprikapulver, Oregano und 4 EL Olivenöl verrühren. 1 gestrichenen TL Salz unterrühren.

2. Hähnchenkeulen waschen und mit Küchenpapier trockentupfen. Keulen mit der Würzmischung rundherum mehrmals einstreichen, auf die Fettpfanne des Backofens legen. Im heißen Ofen auf der 2. Schiene von unten 35 Minuten braten.

3. Paprikaschoten putzen, waschen und halbieren. Kerngehäuse entfernen und das Fruchtfleisch in Stücke (3 x 3 cm) schneiden (siehe Seite 9). Zwiebeln abziehen und in breite Ringe (0,5 cm) schneiden. Paprikastücke und Zwiebeln in eine Schüssel geben, mit 2 EL Olivenöl und 1 gestrichenen TL Salz vermengen. Nach 10 Minuten Garzeit der Keulen Paprikastücke und Zwiebeln dazugeben, auf dem Backblech verteilen und mitbraten.

4. Inzwischen Mais und Bohnen in ein Sieb geben, abspülen und gut abtropfen lassen. 8 Minuten vor Backzeitende Backblech aus dem Ofen nehmen und auf eine hitzebeständige Unterlage setzen. Keulen zur Seite legen. Mais und Bohnen unter das Paprikagemüse heben. Keulen auf das Texmex-Gemüse legen, wieder in den Ofen schieben und fertig braten. Dazu schmecken Schmand und Baguette.

Clevertipp Dieses Texmex-Gericht klappt auch mit Hähnchenbrust oder Putenschnitzeln. Dann das Fleisch nicht vorbraten, sondern auf das Paprika-Zwiebelgemüse legen und 25 Minuten garen.
Noch mexikanischer wird das Gericht, wenn Sie Tacochips und mexikanisches Bier dazu servieren.

Kartoffel-
püree

Schmand

Jägerhähnchen mit Champignons

1. Fleisch waschen und trockentupfen, in 1 cm dicke Würfel schneiden. Pilze eventuell mit Küchenpapier abreiben und in Scheiben (0,5 cm) schneiden (siehe Seite 6). Zwiebel abziehen und in Würfel schneiden (siehe Seite 10).

2. 2 EL Öl in einer großen Pfanne erhitzen. Die Hälfte des Fleischs darin 3 bis 4 Minuten bei mittlerer bis starker Hitze goldbraun braten. Dabei 1-mal wenden. Mit Salz und Pfeffer würzen und herausnehmen. Mit dem übrigen Fleisch ebenso verfahren.

3. 2 EL Öl im heißen Fleischbratöl erhitzen und die Pilze darin 5 Minuten braten, dabei mehrmals wenden. Zum Schluss Zwiebeln dazugeben und kurz mitbraten. Mit Salz und Pfeffer würzen. Mehl über die Pilze stäuben und alles in der Pfanne umrühren. Mehl kurz andünsten. Unter Rühren Brühe und Wein zugießen und alles aufkochen lassen. Bei mittlerer Hitze unter gelegentlichem Rühren 10 Minuten köcheln lassen.

4. Petersilie waschen, trockenschütteln, die Blättchen von den Stielen zupfen und fein hacken. Schmand, Fleisch und gehackte Petersilie zu den Pilzen geben und unter Rühren aufkochen. Mit Salz und Pfeffer abschmecken. Inzwischen das Kartoffelpüree nach Packungsanleitung zubereiten und zum Jägerhähnchen servieren.

Clevertipps Dazu passt ein bunter Salat mit Tomaten. Wenn Kinder mitessen, können Sie den Wein durch die gleiche Menge Geflügelbrühe ersetzen.

Zutaten für 4 Personen

500 g Hähnchenbrustfilet
250 g Champignons
1 Zwiebel
6 EL Öl
Salz
Pfeffer
1 EL Mehl
300 ml Geflügelbrühe
100 ml trockener Weißwein
½ Bund Petersilie
3 EL Schmand
2 Beutel Kartoffelpüree à 3 Portionen plus 250 ml Milch

Zubereitungszeit
ca. 45 Min.

Schweineschnitzel mit Tomaten-Gurken-Salat

Zutaten für 4 Personen

400 g mittelgroße Tomaten

1 Salatgurke

1 große Biozitrone

Zucker

Salz

Pfeffer

6 EL Olivenöl

½ Zwiebel

4 gehäufte EL Mehl

2 Eier (Größe M)

100 g Semmelbrösel

4 Schweineschnitzel
(à ca. 180 g)

2–3 EL Butterschmalz

**Zubereitungszeit
ca. 45 Min.**

1. Tomaten waschen und halbieren. Hälften ebenfalls halbieren und den Stielansatz herausschneiden (siehe Seite 10). Tomatenviertel halbieren. Gurke waschen und mit einem Sparschäler schälen, längs halbieren, auf die Schnittflächen legen und in dünne Scheiben schneiden (siehe Seite 9). Wer mag, kann die Kerne vorher mit einem Teelöffel herauskratzen. Tomaten und Gurke in einer Schüssel mischen.

2. Zitrone heiß waschen und abtrocknen. Eine Hälfte beiseitelegen, die andere Hälfte auspressen. 2 EL Zitronensaft, 2 EL kaltes Wasser und etwas Zucker, Salz und Pfeffer in einer kleinen Schüssel mit einem Schneebesen verrühren, bis sich der Zucker aufgelöst hat. Öl mit dem Schneebesen kräftig unterrühren. Zwiebel längs halbieren, abziehen und möglichst fein würfeln (siehe Seite 10). Zwiebelwürfel zu Tomaten und Gurke geben und mit der Salatsauce vermengen.

3. Mehl auf einen flachen Teller geben. Eier aufschlagen und in einem tiefen Teller mit einer Gabel sorgfältig vermischen. Semmelbrösel auf einen großen Teller geben. Backofen auf 80 °C (Umluft nicht empfehlenswert) vorheizen.

4. Die Schnitzel mit Küchenpapier trockentupfen und halbieren. Auf beiden Seiten mit Salz und Pfeffer würzen. 1 EL Butterschmalz in einer großen Pfanne bei mittlerer Hitze erhitzen. 4 Schnitzelhälften nacheinander im Mehl wenden, überschüssiges Mehl abklopfen. Schnitzel nacheinander durch die Eier ziehen und in den Semmelbröseln wenden. Brösel dabei leicht andrücken. Schnitzel ins heiße Butterschmalz geben und auf jeder Seite 4 Minuten goldbraun braten. Schnitzel auf einen großen Teller geben und im Ofen warm stellen; nicht zudecken!

5. Pfanne mit Küchenpapier auswischen. Die anderen 4 Schnitzelhälften im restlichen Butterschmalz ebenso braten. Übrige Zitronenhälfte in 4 Ecken schneiden. Schnitzel mit Zitrone und Salat anrichten.

Italienische Hackfleischspaghetti

1. Öl in einer großen Pfanne erhitzen und das Hackfleisch in Stückchen in die Pfanne geben. Unter gelegentlichem Wenden 5 Minuten bei mittlerer bis starker Hitze braten. Mit 1 gestrichenem TL Salz und Pfeffer würzen.

2. Inzwischen Zwiebel und Knoblauch abziehen, Zwiebel in Würfel schneiden (siehe Seite 10), Knoblauch fein hacken (siehe Seite 7). Beides zum Hackfleisch geben und kurz mitbraten. Tomaten samt Saft zum Hackfleisch geben und die Tomaten mit dem Kochlöffel etwas zerkleinern. Mit Rosmarin und Oregano würzen und unter gelegentlichem Rühren bei mittlerer Hitze 20 Minuten köcheln lassen.

3. Spaghetti in einem großen Topf in reichlich kochendem Salzwasser nach Packungsanleitung garen. Abgießen und abtropfen lassen. Sauce mit Salz und Pfeffer abschmecken, mit den heißen Spaghetti vermengen und sofort servieren. Mit geriebenem Parmesan bestreuen.

Clevertipp Die Hacksauce passt auch gut zu gegartem Blumenkohl, Reis oder Gnocchi aus dem Kühlregal.

Zutaten für 4 Personen

3 EL Olivenöl

500 g gemischtes Hackfleisch

Salz

Pfeffer

1 große Zwiebel

1 Knoblauchzehe

1 große Dose geschälte Tomaten (800 g Füllmenge)

1 TL getrockneter Rosmarin

1 EL getrockneter Oregano

400 g Spaghetti

frisch geriebener Parmesan

Zubereitungszeit
ca. 35 Min.

Nudel-Gemüse-Salat mit Huhn und Erdnusssauce

Zutaten für 4 Personen

2 Hähnchenbrustfilets
(à ca. 200 g)

Salz

Cayennepfeffer

2 EL Öl

2 mitteldicke Möhren
(ca. 250 g)

400 g Brokkoli

300 g Nudeln
(z. B. kurze Makkaroni
oder Gabelspaghetti)

1 Biolimette

4 EL stückige Erdnusscreme

4 EL Sojasauce

1 Bund Schnittlauch

**Zubereitungszeit
ca. 45 Min.**

1. Fleisch kalt abspülen und mit Küchenpapier trockentupfen, auf beiden Seiten mit Salz und Cayennepfeffer bestreuen. Öl in einer beschichteten Pfanne erhitzen. Fleisch darin bei mittlerer Hitze auf jeder Seite 5 Minuten goldbraun braten, anschließend herausnehmen und auf einem Teller abkühlen lassen.

2. Inzwischen Möhren schälen, beide Enden abschneiden. Möhren längs halbieren, in ½ cm dicke Scheiben schneiden (siehe Seite 8). Brokkoli waschen, kleine Röschen vom Stiel schneiden. Stiel mit einem Messer schälen, in ½ cm dicke Scheiben schneiden (siehe Seite 6).

3. In einem großen Topf reichlich Wasser bei starker Hitze zugedeckt aufkochen. Kräftig salzen, Nudeln dazugeben und offen aufkochen, bei mittlerer Hitze nach Packungsanleitung bissfest garen. Dabei nach 2 Minuten Möhren und Brokkolistiele zugeben und erneut aufkochen. Nach weiteren 2 Minuten Brokkoliröschen dazugeben, aufkochen und alles fertig garen.

4. 200 ml Nudelkochwasser auffangen. Gemüsenudeln in ein Sieb abgießen, kalt abschrecken und sehr gut abtropfen lassen.

5. Limette heiß waschen und abtrocknen. 2 TL Schale abreiben. Limette halbieren und 3 EL Saft auspressen. In einer großen Schüssel Erdnusscreme, 120 ml Nudelwasser und Sojasauce mit einem Schneebesen verrühren. Limettenschale und -saft untermischen und mit etwas Cayennepfeffer abschmecken. Gemüsenudeln untermischen.

6. Fleisch in ca. 1 cm große Würfel schneiden und unter die Nudeln mischen. Schnittlauch waschen, trockenschütteln und mit einer Schere in 1 cm lange Röllchen schneiden. Unter den Nudelsalat mischen. Salat am besten 1 Stunde durchziehen lassen, dann servieren. Falls er zu trocken ist, esslöffelweise Nudelkochwasser unterrühren.

Erdnuss-creme

Asiatisches Rindergeschnetzeltes mit Brokkoli

Zutaten für 4 Personen

600 g Brokkoli

2 Zwiebeln

1 Knoblauchzehe

20 g frischer Ingwer

2 Kochbeutel
10-Minuten-Reis (à 125 g)

Salz

500 g Rindergeschnetzeltes
(fertig geschnitten beim
Metzger kaufen)

5 EL Öl

Pfeffer

2 TL Zucker

400 ml Gemüse- oder
Fleischbrühe

3 EL Sojasauce

1 EL Speisestärke

**Zubereitungszeit
ca. 40 Min.**

1. Brokkoli waschen und die Röschen vom Stiel schneiden. Brokkolistiele mit einem kleinen Messer schälen und in ½ cm dicke Scheiben schneiden (siehe Seite 6). Zwiebeln der Länge nach halbieren, abziehen und quer in dünne Halbringe schneiden (siehe Seite 10). Knoblauch abziehen, Ingwer mit einem Teelöffel dünn schälen (siehe Seite 9). Beides mit einem großen Messer fein hacken.

2. Den Reis nach Packungsanleitung zubereiten. Das Fleisch mit Küchenpapier trockentupfen und auf einem großen Teller beiseitestellen.

3. 2 EL Öl in einer großen Pfanne erhitzen. Brokkoli darin bei mittlerer Hitze 3 Minuten unter gelegentlichem Rühren braten. Zwiebeln untermischen und 3 Minuten mitbraten. Gemüse auf einen Teller geben und beiseitestellen.

4. 2 EL Öl in die Pfanne geben, die Hälfte des Fleischs dazugeben, 2 Minuten bei starker Hitze rundum braun anbraten und herausheben. 1 EL Öl in der Pfanne erhitzen, restliches Fleisch darin ebenso braten. Alles Fleisch in der Pfanne mit Knoblauch und Ingwer mischen. Mit etwas Salz und Pfeffer sowie dem Zucker bestreuen, unter Rühren kurz weiterbraten.

5. Brokkoli und Brühe in die Pfanne geben, bei starker Hitze aufkochen, 3 Minuten bei mittlerer Hitze kochen lassen. Sojasauce und Stärke in einer kleinen Schüssel mischen, unterrühren und aufkochen. Mit dem abgetropften Reis anrichten.

Sauerkrautpfanne mit Kasseler

Zutaten für 4 Personen

2 Stangen Lauch

750 g ausgelöstes
Kasselerkotelett, gekocht

5 EL Öl

Pfeffer

1 TL getrockneter Thymian

2 Birnen

1 große Dose Sauerkraut
(810 g Füllmenge)

300 ml Fleischbrühe

500 g Schupfnudeln
(aus dem Kühlregal)

Salz

**Zubereitungszeit
ca. 45 Min.**

1. Backofen auf 200 °C (180 °C Umluft) vorheizen. Lauch putzen, waschen und in Ringe (0,5 cm) schneiden (siehe Seite 8). Kasseler in kleine Würfel (1 x 1 cm) schneiden.

2. Lauch und Kasseler auf einer Fettpfanne verteilen. Öl, Pfeffer und Thymian über die Zutaten geben und sorgfältig vermengen. Im heißen Ofen 30 Minuten braten. Währenddessen Birnen waschen, vierteln, entkernen und in Würfel (1 x 1cm) schneiden.

3. Nach 15 Minuten Sauerkraut und Birnen zum Kasseler geben und Brühe zugießen. 5 Minuten vor Garzeitende die Schupfnudeln zugeben, unterheben und die Krautpfanne fertig garen. Mit Salz und Pfeffer abschmecken.

Clevertipps Eine asiatische Note bekommt das Essen, wenn Sie zum Schluss 5 EL süßsaure Asiasauce unterheben und Schnittlauch-röllchen darüberstreuen.
Vegetarier heben 250 g geräucherten Tofu (in Würfel geschnitten) zusammen mit den Schupfnudeln unter das Sauerkraut. Die Birnen können hier ganz problemlos durch die gleiche Menge an Äpfeln ersetzt werden.
Raffinierter wird das Gericht, wenn Sie die Hälfte der Brühe durch trockenen Weißwein ersetzen. Der passt dann auch gut gekühlt später ausgezeichnet zum Essen.

Steaks mit Kartoffelspalten und Tomatensalat

1. Nackensteaks aus dem Kühlschrank nehmen, damit sie Zimmertemperatur annehmen. Kartoffeln sehr gründlich waschen und abtropfen lassen. Backofen auf 220 °C (Umluft 200 °C) vorheizen. Ein Backblech mit Backpapier auslegen oder mit wenig Öl fetten.

2. 2 EL Öl, Thymian und Cayennepfeffer in einen großen Gefrierbeutel geben. Kartoffeln der Länge nach vierteln und in den Gefrierbeutel geben, Beutel verschließen und alles sorgfältig mischen. Kartoffeln so auf dem Blech verteilen, dass die Schnittflächen nach oben zeigen, mit etwas Salz bestreuen. Im heißen Ofen auf der mittleren Schiene in 30 bis 35 Minuten goldbraun backen.

3. In einer Schüssel Essig, 2 EL kaltes Wasser, Zucker, etwas Salz und Pfeffer mit einem Schneebesen verrühren, bis sich der Zucker aufgelöst hat. 4 EL Öl kräftig unterschlagen. Zwiebel der Länge nach halbieren und abziehen. Hälften in möglichst feine Würfel schneiden (siehe Seite 10) und unter die Sauce mischen. Tomaten waschen und vierteln, Stielansatz dabei jeweils herausschneiden (siehe Seite 10). Tomaten mit der Zwiebelsauce mischen.

4. Nackensteaks mit Küchenpapier trockentupfen. 2 EL Öl in einer großen beschichteten Pfanne stark erhitzen. Steaks jeweils auf beiden Seiten mit etwas Salz und Pfeffer bestreuen, in die Pfanne geben und bei mittlerer bis starker Hitze 3 bis 4 Minuten auf jeder Seite braten. Mit Kartoffeln und Tomatensalat anrichten.

Clevertipp Bei Biokartoffeln können Sie die Schale mitessen. Kartoffeln aus konventionellem Anbau sollten Sie vor dem Vierteln schälen.

Zutaten für 4 Personen

4 Schweinenackensteaks (à ca. 150 g)

900 g mittelgroße, festkochende Biokartoffeln

8 EL Olivenöl (plus eventuell etwas Öl für das Blech)

1 TL getrockneter Thymian

¼ TL Cayennepfeffer

Salz

3 EL Essig (z. B. Apfel- oder Weißweinessig)

1 TL Zucker

Pfeffer

1 kleine Zwiebel

500 g Tomaten

Außerdem
Backpapier

Zubereitungszeit
ca. 45 Min.

Putengulasch mit Paprika

Zutaten für 4 Personen

600 g Putenbrust
(am besten Bioqualität)

3 Paprikaschoten
(grün, rot, gelb)

2 Zwiebeln

3 EL Öl

Salz

Pfeffer

3 TL edelsüßes Paprikapulver

1 EL Mehl

200 g Schmand

400 g getrocknete Spätzle

**Zubereitungszeit
ca. 45 Min.**

1. Putenbrust erst in 2 cm dicke Scheiben, dann in ebenso große Würfel schneiden. Paprikaschoten der Länge nach vierteln. Stiel, Trennwände und Kerne mit einem kleinen Messer entfernen. Paprikaviertel waschen und jeweils in 3 cm große Stücke schneiden (siehe Seite 9). Zwiebeln der Länge nach halbieren, abziehen und in kleine Würfel schneiden (siehe Seite 10).

2. 2 EL Öl in einem weiten Topf erhitzen. Fleisch darin bei mittlerer Hitze rundum goldbraun anbraten. Dabei mit jeweils etwas Salz und Pfeffer bestreuen. Fleisch herausheben und auf einen großen Teller geben.

3. 1 EL Öl zum Bratfett im Topf geben, Zwiebeln darin bei mittlerer Hitze unter Rühren 3 Minuten braten. Paprikastücke dazugeben und 3 Minuten mitbraten. Fleisch mit seinem ausgetretenen Saft untermischen. Paprikapulver, Mehl sowie etwas Salz und Pfeffer darüberstreuen und unterrühren. Schmand und 200 ml Wasser zugeben und alles unter Rühren bei starker Hitze aufkochen. Zugedeckt bei mittlerer Hitze 20 Minuten kochen lassen.

4. Inzwischen die Spätzle in reichlich kochendem Salzwasser nach Packungsanleitung garen. Spätzle in ein Sieb gießen, kurz abtropfen lassen und mit dem Gulasch anrichten.

Clevertipp Das Putengulasch ist recht anpassungsfähig: Statt der Spätzle können Sie auch andere Nudeln, Reis oder Salzkartoffeln dazu kochen.

Linseneintopf mit Mettwurst

Zutaten für 4 Personen

250 g kleine braune Linsen

2 Zwiebeln

1 l Fleisch- oder Gemüsebrühe

2 EL Öl

1 Bund Suppengrün
(ca. 500 g: Möhren,
Knollensellerie, Lauch)

350 g festkochende
(oder überwiegend
festkochende) Kartoffeln

4 kleine Mettwürste
(à ca. 100 g; »Mettenden«)

Salz

Pfeffer

Zucker

3–4 EL Essig
(z. B. Rotweinessig)

**Zubereitungszeit
ca. 45 Min.**

1. Linsen in einem Sieb kalt abspülen und abtropfen lassen. Zwiebeln der Länge nach halbieren, abziehen und in ½ cm dicke Halbringe schneiden (siehe Seite 10). Brühe in einem Topf aufkochen.

2. Öl in einem großen Topf erhitzen. Zwiebeln darin bei mittlerer Hitze glasig braten. Linsen und Brühe dazugeben. Zugedeckt aufkochen und bei geringer Hitze 15 Minuten köcheln lassen.

3. Inzwischen Möhren, Sellerie und Kartoffeln waschen. Möhren schälen und beide Enden abschneiden. Möhren längs halbieren und in 1 cm dicke Stücke schneiden (siehe Seite 8). Sellerie schälen. Mit einem großen Messer erst in 1 cm dicke Scheiben schneiden, dann 1 cm groß würfeln (siehe Seite 8). Kartoffeln schälen, ebenso groß würfeln. Möhren, Sellerie und Kartoffeln zu den Linsen geben, zugedeckt bei starker Hitze aufkochen und bei geringer Hitze weitere 10 Minuten köcheln lassen.

4. In der Zwischenzeit vom Lauch den dunkelgrünen Teil abschneiden. Weißen und hellgrünen Teil der Länge nach halbieren, unter fließend kaltem Wasser ausspülen und in 1 cm dicke Scheiben schneiden (siehe Seite 8). Mettwürste mit einer Gabel rundum mehrfach einstechen. Lauch und Würste zu den Linsen geben, zugedeckt bei starker Hitze aufkochen und bei geringer Hitze weitere 10 bis 15 Minuten köcheln lassen, bis die Linsen weich sind.

5. Eintopf mit etwas Salz und Pfeffer würzen. Mit etwas Zucker und Essig abschmecken.

Clevertipp Für dieses Gericht am besten kleine braune Linsen kaufen. Sie müssen nicht eingeweicht werden und haben eine Garzeit von 25 bis 30 Minuten. Falls nicht erhältlich, Tellerlinsen kaufen und diese mit reichlich kaltem Wasser bedeckt über Nacht einweichen. Die abgetropften Linsen wie im Rezept beschrieben verwenden.

Spätzleauflauf mit Blumenkohl

1. Backofen auf 220 °C (Umluft 200 °C) vorheizen. Blumenkohl putzen und in kleine Röschen teilen (siehe Seite 5). Die Röschen in ein Sieb geben und waschen. Blumenkohl in einen weiten Topf geben und halb mit Wasser bedecken. ½ TL Salz dazugeben und zum Kochen bringen. Den Blumenkohl 8 bis 10 Minuten bei mittlerer Hitze garen.

2. Inzwischen den Kochschinken in kleine Würfel (1 x 1 cm) schneiden. Käse grob reiben. Milch und Eier verquirlen. Eiermilch mit 1 gestrichenen TL Salz, Pfeffer und Muskatnuss würzen.

3. Die Fettpfanne des Backofens mit Öl ausstreichen und Spätzle, Blumenkohl und Schinken darauf verteilen. Eiermilch gleichmäßig darübergießen und den Käse darüberstreuen. Den Auflauf im heißen Backofen 15 bis 20 Minuten backen.

Clevertipps Statt mit Blumenkohl schmeckt der Auflauf auch mit Brokkoli oder Romanesco. Sie werden genauso vorbereitet, geputzt und gekocht wie Blumenkohl.
Blumenkohlröschen schmecken frisch am besten; deshalb beim Einkauf auf Qualität achten. Das Gemüse sollte keine gelblichen Verfärbungen oder dunkle Stellen aufweisen. Und den Geruchstest machen: Kohl darf nicht nach Kohl riechen!

Zutaten für 4 Personen

1 Blumenkohl (ca. 1,5 kg)

Salz

250 g gekochter Schinken am Stück

150 g Bergkäse am Stück

400 ml Milch

4 Eier (Größe M)

Pfeffer

etwas geriebene Muskatnuss

2 EL Öl

500 g Spätzle (aus dem Kühlregal)

**Zubereitungszeit
ca. 45 Min.**

Nudeln mit Erbsen und Speck-Sahne-Sauce

Zutaten für 4 Personen

1 Zwiebel

1 EL Öl

2 Packungen Bacon
in Scheiben (à 125 g)

200 g Sahne

150 ml Milch

Salz

400 g kurze Nudeln
(z. B. Penne rigate)

300 g TK-Erbsen,
gefroren

4 Stiele Basilikum

1 Biozitrone

Pfeffer

60 g frisch geriebener
Parmesan

**Zubereitungszeit
ca. 40 Min.**

1. Zwiebel der Länge nach halbieren, abziehen und in kleine Würfel schneiden (siehe Seite 10). Öl in einer großen Pfanne erhitzen, Bacon zufügen und bei mittlerer Hitze 5 Minuten braten, gelegentlich wenden. Bacon herausnehmen und auf einen Teller geben.

2. Zwiebelwürfel ins Bratfett geben und bei mittlerer Hitze unter Rühren 3 Minuten braten. Sahne und Milch zugeben, bei starker Hitze aufkochen und bei geringer Hitze 5 Minuten köcheln lassen.

3. In einem großen Topf reichlich Wasser zugedeckt bei starker Hitze aufkochen, dann kräftig salzen. Nudeln hineingeben und offen aufkochen, bei mittlerer Hitze nach Packungsanleitung bissfest garen. 3 Minuten vor Ende der Garzeit die gefrorenen Erbsen zugeben, offen bei starker Hitze aufkochen und bei geringer Hitze zusammen mit den Nudeln fertig garen.

4. Basilikum abspülen und trockenschütteln. Blättchen abzupfen, aufeinanderlegen und am besten mit einer Schere in Streifen schneiden. Zitrone heiß waschen, trocknen und 1 TL Schale abreiben. Zitrone halbieren. Den Abrieb in die Sauce rühren. 1 bis 2 Spritzer Zitronensaft direkt in die Sauce pressen und unterrühren. Sauce mit etwas Salz und Pfeffer abschmecken.

5. Erbsennudeln in ein großes Sieb abgießen und kurz abtropfen lassen. In einer großen Schüssel mit der Sahnesauce und dem Basilikum mischen. Mit Bacon und geriebenem Parmesan bestreut servieren.

Clevertipp Bestreuen Sie die Nudeln statt mit Käse doch einmal mit Brotbröseln: Hierzu ein trockenes Brötchen oder ein trockenes Stück Baguette vom Vortag auf der groben Seite einer Vierkantreibe raspeln und auf die Nudeln geben.

Schweinemedaillons auf Kräuterrahm

Zutaten für 4 Personen

3 Möhren (ca. 250 g)

1 Zwiebel

400 g Bandnudeln

Salz

3 EL Öl

8 Schweinemedaillons
(à ca. 50 g)

Pfeffer

1 gehäufter TL Mehl

200 ml Fleischbrühe

150 g Schmand

3 EL grünes Pesto
(aus dem Glas)

**Zubereitungszeit
ca. 45 Min.**

1. Möhren putzen, schälen, waschen und mit einem Sparschäler längs in dünne Streifen hobeln. Zwiebel abziehen und in Würfel schneiden (siehe Seite 10).

2. Nudeln in einem großen Topf in reichlich kochendem Salzwasser nach Packungsanleitung garen. 2 bis 3 Minuten vor Garzeitende die Möhrenstreifen dazugeben und mitgaren.

3. Öl in einer großen Pfanne erhitzen und die Medaillons von jeder Seite 2 Minuten bei mittlerer bis starker Hitze braten. Mit Salz und Pfeffer würzen und herausnehmen.

4. Zwiebel im heißen Bratöl anbraten. Mehl darüberstäuben und kurz anschwitzen. Unter Rühren Brühe und Schmand zugießen, aufkochen und 5 Minuten bei mittlerer Hitze köcheln lassen. Pesto einrühren, alles mit Salz und Pfeffer würzen. Medaillons in die Sauce geben und darin wieder erhitzen.

5. Nudeln und Möhren abgießen, zu Nestern drehen, mit Pestorahm und den Medaillons anrichten.

Clevertipp Der Kräuterrahm schmeckt auch zu Gnocchi (fertig aus dem Kühlregal) sehr lecker. Dazu unter Punkt 4 1 EL Butter erhitzen und die Zwiebelwürfel darin anbraten. Die Sauce wie beschrieben zubereiten.

Schmand

Apfel-Speck-Pfannkuchen

1. Mehl, Backpulver und ¼ TL Salz in einer Schüssel sorgfältig mischen. In einer großen Schüssel Eier, Milch und Mineralwasser mit einem Schneebesen verrühren. Mehlmischung nach und nach dazugeben und mit dem Schneebesen unterrühren. Teig 15 Minuten beiseitestellen.

2. Inzwischen den Backofen mit einem Backblech auf 220 °C (Umluft 200 °C) vorheizen. Äpfel schälen, vierteln und das Kerngehäuse herausschneiden. Apfelviertel der Länge nach in je 4 Spalten schneiden und in eine Schüssel geben. Sofort mit Zitronensaft mischen, damit sie nicht braun werden.

3. Pfannkuchenteig erneut durchrühren. 1 Blatt Küchenpapier locker zusammenknüllen. Jetzt zügig arbeiten: Heißes Blech vorsichtig aus dem Ofen nehmen, Öl auf das Blech geben und mit Hilfe des Küchenpapiers darauf verteilen, Blechränder ebenfalls fetten. Schinken- oder Speckwürfelteig auf dem heißen Blech verteilen und 5 Minuten backen. Danach den Teig und die Apfelspalten darauf verteilen. Auf der mittleren Schiene in 20 bis 25 Minuten goldbraun backen.

4. Pfannkuchen aus dem Ofen nehmen, sofort in Stücke schneiden und servieren.

Clevertipps Zu dem Pfannkuchen reichen Sie am besten einen gemischten Blattsalat (siehe Seite 68).
Anstelle von normalem Mehl können Sie auch Dinkelmehl Type 630 verwenden.
Wer's lieber süß mag, lässt den Schinken oder Speck einfach weg und bestreut den Pfannkuchen vor dem Servieren mit einer Mischung aus 50 g Zucker und ½ TL Zimtpulver.

Zutaten für 4 Personen

225 g Mehl

½ TL Backpulver

Salz

5 Eier (Größe M)

300 ml Milch

150 ml Mineralwasser mit Kohlensäure

3 Äpfel

2 EL Zitronensaft

2 EL Öl

250 g gekochter Schinken oder durchwachsener Speck, in Würfel geschnitten

Zubereitungszeit
ca. 45 Min.

Gemüsetagliatelle mit Garnelen

Zutaten für 4 Personen

2 Zucchini (ca. 400 g)

2 Knoblauchzehen

4 Tomaten

1 Bund Petersilie

400 g dünne Bandnudeln
(Tagliatelle) oder Spaghetti

Salz

350 g geschälte,
küchenfertige Garnelen

6 EL Olivenöl

Pfeffer

200 ml Gemüsebrühe
oder Fischfond

Schale und
Saft von ½ Biozitrone

**Zubereitungszeit
ca. 35 Min.**

1. Zucchini putzen, waschen und in Würfel (1 x 1 cm) schneiden (siehe Seite 10). Knoblauch abziehen und fein hacken (siehe Seite 7). Tomaten waschen, halbieren, die Stielansätze entfernen (siehe Seite 10), die Tomaten würfeln. Petersilie waschen, trockenschütteln, die Blättchen abzupfen und hacken. Nudeln nach Packungsanleitung in einem großen Topf in reichlich kochendem Salzwasser garen.

2. Garnelen waschen und trockentupfen. 3 EL Öl in einer großen beschichteten Pfanne erhitzen und die Zucchiniwürfel darin 3 bis 4 Minuten bei mittlerer Hitze unter Wenden braten, mit Salz und Pfeffer würzen. Herausnehmen und zur Seite stellen.

3. 3 EL ÖL in die heiße Pfanne geben und die Garnelen darin 2 bis 3 Minuten bei mittlerer bis starker Hitze braten. Knoblauch dazugeben und mit Salz und Pfeffer würzen. Zucchini, Brühe, Zitronenschale und -saft hinzufügen und alles aufkochen lassen. Nudeln abgießen, abtropfen lassen und wieder in den Topf geben. Tomatenwürfel und Petersilie zu den Nudeln geben und alles erhitzen. Mit Salz und Pfeffer abschmecken und mit der gehackten Petersilie bestreuen.

Clevertipp Statt Garnelen schmeckt auch Fischfilet sehr lecker. Dazu den Fisch waschen, trockentupfen und in 3 cm große Würfel schneiden. Dann wie unter Punkt 3 beschrieben zubereiten.

Kartoffel-Lachs-Auflauf

1. Kartoffeln waschen und mit Kümmel in einen großen Topf geben, mit kaltem Wasser bedecken und zugedeckt bei starker Hitze aufkochen lassen. Wasser kräftig salzen und die Kartoffeln bei mittlerer Hitze 20 Minuten garen (siehe Seite 12).

2. Lachsfilet kalt abspülen und mit Küchenpapier trockentupfen. Mit einem scharfen Messer in der Mitte durchschneiden und quer dazu in etwa ½ cm dicke Scheiben schneiden, dann auf einem Teller mit Frischhaltefolie abgedeckt kalt stellen. Eine große Auflaufform (ca. 2,5 l Inhalt) mit wenig Butter ausfetten.

3. Backofen auf 200 °C (Umluft nicht empfehlenswert) vorheizen. Kartoffeln abgießen, mit kaltem Wasser abschrecken, pellen und in dünne Scheiben schneiden. Zusammen mit dem Lachs in der Form verteilen, dazwischen mit Salz und Pfeffer würzen.

4. Eier, Sahne und Milch in einem Messbecher mit einem Schneebesen verquirlen und mit etwas Salz und Pfeffer würzen. Eiermischung in der Form verteilen. Form auf den Rost in der mittleren Backofenschiene stellen und den Auflauf 30 Minuten backen. Im ausgeschalteten Ofen 10 Minuten ruhen lassen.

5. Schnittlauch waschen und trockenschütteln. Mit einer Schere in Röllchen schneiden. Restliche Butter in einem kleinen Topf bei mittlerer Hitze zerlassen. Vom Herd nehmen, die Schnittlauchröllchen unterrühren und zum Auflauf servieren.

Clevertipps Die Kartoffeln schon am Vortag kochen und pellen. Abgedeckt im Kühlschrank aufheben.
Den Schnittlauch durch abgeschnittene Blättchen von 1 Kästchen Gartenkresse ersetzen und unter die Butter rühren.
Zum Auflauf einen gemischten Blattsalat (siehe Seite 68) reichen.

Zutaten für 4 Personen

800 g vorwiegend festkochende Kartoffeln

1 TL Kümmelsaat

Salz

500 g Lachsfilet ohne Haut (eventuell TK-Ware, aufgetaut)

75 g weiche Butter

Pfeffer

4 Eier (Größe M)

200 g Sahne

100 ml Milch

½ Bund Schnittlauch

Außerdem
Frischhaltefolie

**Zubereitungszeit
ca. 1 Std. 15 Min.**

Kabeljau mit buntem Gemüse

Zutaten für 4 Personen

400 g Möhren

½ Knollensellerie (ca. 350 g)

1 Biozitrone

400 ml Gemüse- oder
Fleischbrühe

1 Stange Lauch (ca. 200 g)

150 g Schmand

4 Kabeljaufilets (à ca. 150 g;
eventuell TK-Ware, aufgetaut)

Salz

Pfeffer

2 Beutel Kartoffelpüree
à 3 Portionen plus
250 ml Milch

2–3 TL heller Saucenbinder

**Zubereitungszeit
ca. 45 Min.**

1. Möhren waschen und schälen, beide Enden abschneiden. Möhren der Länge nach halbieren und in 1 cm dicke Scheiben schneiden (siehe Seite 8). Sellerie waschen und schälen. Mit einem großen Messer erst in 1 cm dicke Scheiben schneiden, dann 1 cm groß würfeln (siehe Seite 8). Zitrone heiß waschen, abtrocknen und die Hälfte der Schale mit einem Sparschäler abschälen.

2. Brühe mit Zitronenschale in einem weiten Topf aufkochen. Möhren und Sellerie dazugeben und zugedeckt aufkochen. Bei mittlerer Hitze 10 Minuten köcheln lassen.

3. Inzwischen vom Lauch den dunkelgrünen Teil abschneiden. Weißen und hellgrünen Teil der Länge nach halbieren, unter fließend kaltem Wasser ausspülen und in 1 cm dicke Scheiben schneiden (siehe Seite 8). Erst den Schmand unter das Gemüse rühren, dann den Lauch untermischen. Zugedeckt aufkochen und bei geringer Hitze weitere 5 Minuten köcheln lassen.

4. In der Zwischenzeit die restliche Zitronenschale fein abreiben. Fisch kalt abspülen, mit Küchenpapier trockentupfen und auf beiden Seiten mit etwas Salz, Pfeffer und Zitronenabrieb bestreuen. Fisch auf das Gemüse setzen und zugedeckt bei geringer Hitze 8 Minuten garziehen lassen. Backofen auf 80 °C (Umluft nicht empfehlenswert) vorheizen.

5. Das Kartoffelpüree nach Packungsanleitung zubereiten. Fisch auf einen großen Teller geben und im Ofen warm stellen. Gemüsesauce mit Saucenbinder nach Packungsanleitung binden, eventuell mit Salz und Pfeffer nachwürzen und mit dem Fisch anrichten.

Clevertipp Für eine leckere Senfsauce rühren Sie unter die gebundene Sauce einfach 3 bis 4 TL mittelscharfen Senf.

Lachsfilet aus der Folie

Zutaten für 4 Personen

2 Bund Frühlingszwiebeln
1 Biozitrone
4 Lachsfilets (à ca. 160 g)
Salz
Pfeffer
4 EL Doppelrahmfrischkäse
4 TL weiche Butter
120 ml Gemüsebrühe
2 Kochbeutel 10-Minuten-Reis
(à 125 g)
1 Bund Petersilie
1 Bund Dill
Cocktailtomaten
nach Belieben

Außerdem
Alufolie

**Zubereitungszeit
ca. 45 Min.**

1. Backofen auf 200 °C (Umluft 180 °C) vorheizen. Frühlingszwiebeln putzen, waschen und ca. 10 cm vom Grün abschneiden. Den Rest der Frühlingszwiebeln in schräge dünne Ringe schneiden (siehe Seite 6). Zitrone waschen und trockenreiben. Schale fein abreiben, Zitrone halbieren und eine Hälfte auspressen.

2. Lachsfilets waschen und mit Küchenpapier trockentupfen. Auf 4 Stücke Alufolie (35 x 30 cm) in die Mitte jeweils Frühlingszwiebeln und Zitronenabrieb verteilen, mit Salz und Pfeffer würzen. Frischkäse in Flöckchen auf den Zwiebeln verteilen und die Filets daraufsetzen. Filets mit je 1 TL Butter bestreichen, die Brühe in den Päckchen verteilen und alles mit Zitronensaft beträufeln. Mit Salz und Pfeffer würzen. Alufolie zu einem Päckchen falten, fest verschließen, auf ein Backblech setzen und den Lachs im heißen Ofen in 25 Minuten garen.

3. Inzwischen Reis in einem mittelgroßen Topf nach Packungsanleitung in kochendem Salzwasser garen. Petersilie und Dill waschen und trockenschütteln, die Blättchen abzupfen und fein hacken. Fertigen Reis abgießen und mit den Kräutern mischen. Kräuterreis mit dem fertigen Lachs und Cocktailtomaten nach Belieben anrichten.

Clevertipp Das Garen in Alufolie ist für Fisch besonders geeignet, denn so bleibt er wunderbar saftig. Dieses Rezept eignet sich daher auch für andere Fischsorten (z. B. Seelachs oder Kabeljau).

Linsensalat mit Roter Bete und Räucherforelle

Zutaten für 4 Personen

200 g rote Linsen

3 Stangen Staudensellerie

3 Frühlingszwiebeln

3 EL Essig

Salz

Pfeffer

1 gehäufter TL
mittelscharfer Senf

75 ml kräftige Gemüsebrühe

5 EL Olivenöl

500 g gekochte und
geschälte Rote Bete
(aus der Gemüseabteilung
des Supermarkts)

300 g geräuchertes
Forellenfilet

**Zubereitungszeit
ca. 35 Min.**

1. Linsen in einem mittelgroßen Topf in kochendem Wasser nach Packungsanleitung garen. Abgießen und abtropfen lassen. Inzwischen den Sellerie putzen, waschen und in kleine Würfel (5 x 5 mm) schneiden (siehe Seite 8). Frühlingszwiebeln putzen, waschen und hacken (siehe Seite 6).

2. Essig, 1 gestrichenen TL Salz, Pfeffer, Senf und Gemüsebrühe mit einem kleinen Schneebesen verrühren. Frühlingszwiebeln unterheben, das Öl langsam unterrühren. Linsen, Sellerie und Senfvinaigrette in einer Schüssel vermengen.

3. Rote Bete in dünne Scheiben schneiden und 4 Essteller damit auslegen. Den Linsensalat darauf verteilen. Forellenfilet in mundgerechten Stücken auf dem Salat verteilen. Salat mit Pfeffer würzen. Dazu schmeckt Roggenbrot.

Clevertipps Dieser Salat lässt sich prima vorbereiten – dann allerdings erst kurz vor dem Servieren anrichten.
Leckere Resteverwertung: Den übrigen Stangensellerie putzen, waschen und in 2 cm große Stücke schneiden. 150 g Cocktailtomaten waschen und halbieren. Gemüse in eine gefettete Auflaufform geben und mit Salz, Pfeffer und 1 TL getrockneten Kräutern der Provence würzen. 100 ml Gemüsebrühe zugießen, mit 50 g Butter in Stückchen belegen. Im heißen Ofen bei 180 °C 30 Minuten backen. Schmeckt zu kurzgebratenem Fleisch und Fisch.

Panierter Bratfisch mit Meerrettichsauce

1. Kartoffeln waschen, schälen und wie auf Seite 11 beschrieben als Salzkartoffeln kochen.

2. Inzwischen den Fisch kalt abspülen, mit Küchenpapier trockentupfen und auf einen großen Teller legen. Filets auf beiden Seiten mit Zitronensaft beträufeln.

3. Mehl auf einen flachen Teller geben. Eier aufschlagen und in einem tiefen Teller mit einer Gabel sorgfältig verrühren. Semmelbrösel auf einen großen Teller geben. Backofen auf 80 °C (Umluft nicht empfehlenswert) vorheizen.

4. Fischfilets erneut mit Küchenpapier trockentupfen, auf beiden Seiten mit etwas Salz und Pfeffer würzen, nacheinander im Mehl wenden, überschüssiges Mehl dabei abklopfen. Fischfilets nacheinander durch die Eier ziehen und in den Semmelbröseln wenden (Brösel dabei mit den Händen leicht andrücken). Öl in einer großen Pfanne bei mittlerer Hitze erhitzen. Filets ins heiße Öl geben und auf jeder Seite in 3 bis 4 Minuten goldbraun braten, dann auf einen großen Teller geben. Die fertigen Kartoffeln abgießen und zusammen mit dem Fisch im Ofen warm stellen.

5. Schnittlauch waschen, trockenschütteln und in feine Röllchen schneiden. Die Pfanne vom Fisch mit Küchenpapier auswischen. Die Sahne bei starker Hitze darin aufkochen. Brühe unterrühren, alles aufkochen lassen und mit Saucenbinder nach Packungsanleitung binden. Pfanne von der Kochstelle nehmen, Meerrettich und Schnittlauchröllchen unterrühren und die Sauce mit etwas Salz und Zucker abschmecken. Fisch mit der Sauce und den Kartoffeln anrichten.

Info Fisch oder Schnitzel sollten nach dem Panieren sofort im heißen Öl angebraten werden, damit die Panierung nicht durchweicht.

Zutaten für 4 Personen

700 g Kartoffeln

Salz

4 Seelachsfilets (à ca. 150 g; eventuell TK-Ware, aufgetaut)

2 EL Zitronensaft

4 gehäufte EL Mehl

2 Eier (Größe M)

100 g Semmelbrösel

Pfeffer

3 EL Öl

1 kleiner Bund Schnittlauch

200 g Sahne

150 ml Gemüsebrühe

2 TL heller Saucenbinder

4–5 TL geriebener Meerrettich (aus dem Glas)

etwas Zucker

Zubereitungszeit
ca. 45 Min.

Fischstäbchen aus dem Ofen mit Remoulade

Zutaten für 4 Personen

4 Eier (Größe M)
100 g Salatmayonnaise
150 g Magermilchjoghurt
3 TL mittelscharfer Senf
4 Gewürzgurken
(ca. 120 g; aus dem Glas)
Salz
Pfeffer
600 g Seelachsfilet
(eventuell TK-Ware, aufgetaut)
2 EL Zitronensaft
120 g Semmelbrösel
2 TL edelsüßes Paprikapulver
4 EL Rapsöl (plus eventuell Öl
für das Backblech)
2 Beutel Kartoffelpüree
à 3 Portionen plus
250 ml Milch

Außerdem
Backpapier

**Zubereitungszeit
ca. 45 Min.**

1. 2 Eier vorsichtig anstechen, damit sie nicht platzen, und mit 250 ml kaltem Wasser in einen kleinen Topf geben. Zugedeckt bei starker Hitze aufkochen. Eier bei geringer Hitze 10 Minuten lang hart kochen.

2. Für die Remoulade Mayonnaise, Joghurt und Senf mit einem Schneebesen in einer Schüssel verrühren. Gurken der Länge nach vierteln und in kleine Würfel schneiden. Eier in kaltem Wasser abschrecken, pellen und mit einem großen Messer nicht zu fein hacken. Mit den Gurkenwürfeln unter die Mayonnaisemischung rühren und mit Salz und Pfeffer abschmecken.

3. Backofen auf 250 °C (Umluft 230 °C) vorheizen. Ein Backblech mit Backpapier auslegen oder mit wenig Öl fetten. Fischfilet kalt abspülen, mit Küchenpapier trockentupfen, auf beiden Seiten mit Zitronensaft beträufeln und kurz durchziehen lassen.

4. Inzwischen 2 aufgeschlagene Eier und etwas Salz und Pfeffer mit einer Gabel in einem tiefen Teller verquirlen. Semmelbrösel und Paprikapulver in einem tiefen Teller sorgfältig mischen.

5. Fisch erneut mit Küchenpapier trockentupfen und quer in 2 cm breite Scheiben schneiden. Fischstäbchen nacheinander durch die Eier ziehen und in der Bröselmischung wenden (Brösel dabei leicht andrücken). Fischstäbchen auf das Blech legen, mit 2 EL Öl beträufeln, wenden und mit dem restlichen Öl beträufeln. Im heißen Ofen auf der mittleren Schiene 10 Minuten lang backen.

6. Inzwischen das Kartoffelpüree nach Packungsanleitung zubereiten. Zu den fertigen Fischstäbchen und der Remoulade servieren.

Naturjoghurt

Salat-
Mayonnaise

Kartoffel-
püree

Fisch-Lauch-Ragout

1. Lauch putzen und waschen, längs halbieren und die Hälften in dünne Halbringe (3 mm) schneiden (siehe Seite 8). Zitrone waschen, abtrocknen und die Schale fein abreiben. Zitrone halbieren.

2. Den Reis nach Packungsanleitung in reichlich Salzwasser zubereiten.

3. Öl in einem großen Topf erhitzen. Lauch darin bei mittlerer Hitze ca. 5 Minuten dünsten. Mit Mehl bestäuben und dieses kurz anschwitzen. Unter Rühren mit Fond bzw. Brühe und Sahne ablöschen und aufkochen. Den Zitronenabrieb unterrühren (eine kleine Menge bitte zum Anrichten zurückbehalten). Alles bei mittlerer Hitze 5 Minuten offen köcheln lassen. Das Fischfilet waschen, mit Küchenpapier trockentupfen und in mundgerechte Stücke schneiden.

4. Den Fisch zum Lauch geben, vorsichtig unterheben und in der heißen, leicht köchelnden Sauce in 6 bis 8 Minuten gar ziehen lassen. Das Ragout mit Salz, Pfeffer und Zitronensaft abschmecken und mit fein geriebener Zitronenschale und Pfeffer bestreut servieren. Den fertigen Reis dazu reichen.

Clevertipps Raffinierter wird das Ragout, wenn Sie 100 ml Fischfond durch trockenen Weißwein ersetzen.
Dazu passt ein gemischter Salat mit Vinaigrette: 3 EL Weißweinessig, ½ TL Salz, 1 Prise Pfeffer, 1 gehäuften TL mittelscharfen Senf, 1 durchgepresste Knoblauchzehe und 5 EL warme Gemüsebrühe gut verrühren. 5 EL Olivenöl langsam zugießen und mit dem Schneebesen unterrühren. Die Vinaigrette mit dem Salat vermengen. Salatfans können von der Vinaigrette übrigens gleich die doppelte Menge zubereiten und in einem Schraubglas in den Kühlschrank stellen. Bleibt 1 Woche frisch!

Zutaten für 4 Personen

2 Stangen Lauch

1 Biozitrone

2 Kochbeutel 10-Minuten-Reis (à 125 g)

Salz

4 EL Rapsöl

1 EL Mehl

400 ml Fischfond oder Gemüsebrühe

100 g Sahne

800 g Fischfilet (z. B. Pangasius oder Seelachs)

Pfeffer

**Zubereitungszeit
ca. 40 Min.**

Seelachs auf Asiaspinat

Zutaten für 4 Personen

1 Zwiebel

2 EL Öl

1 Knoblauchzehe

200 ml Kokosmilch

600 g TK-Blattspinat,
gefroren

2 Kochbeutel 10-Minuten-Reis
(à 125 g)

4 Seelachsfilets (à ca. 150 g;
eventuell TK-Ware, aufgetaut)

Salz

Pfeffer

Cayennepfeffer

**Zubereitungszeit
ca. 35 Min.**

1. Zwiebel der Länge nach halbieren, abziehen und in kleine Würfel schneiden (siehe Seite 10). Öl in einem weiten Topf erhitzen, Zwiebelwürfel hineingeben und bei mittlerer Hitze unter Rühren 3 Minuten braten. Knoblauch abziehen, dazupressen und unterrühren. Kokosmilch zugeben und bei starker Hitze aufkochen.

2. Gefrorenen Spinat dazugeben und zugedeckt bei mittlerer Hitze in etwa 10 Minuten auftauen lassen.

3. Inzwischen den Reis nach Packungsanleitung zubereiten.

4. Den Fisch kalt abspülen, mit Küchenpapier trockentupfen und auf beiden Seiten mit etwas Salz und Pfeffer bestreuen. Spinat durchrühren und mit etwas Salz und Cayennepfeffer abschmecken.

5. Spinat bei starker Hitze aufkochen. Fischfilets nebeneinander auf den Spinat legen und zugedeckt bei geringer Hitze in 6 bis 8 Minuten gar ziehen lassen. Fisch und Spinat mit dem Reis anrichten.

Clevertipps Weil Fischfilets unterschiedlich dick sind, ist in diesem Rezept die Garzeit nicht genau angegeben. Für dünne Fischfilets nehmen Sie die kürzere, für dickere Filets die längere Garzeit. Kokosmilch finden Sie im Supermarkt im Tetrapak oder als 200-ml-Dose. Wenn Sie eine 400-ml-Dose kaufen, können Sie die restliche Kokosmilch einfach einfrieren.

Nudeln mit Tomaten-Thunfisch-Sauce

Zutaten für 4 Personen

1 Dose Thunfisch in Olivenöl
(195 g Füllmenge)

2 Zwiebeln

6 EL Olivenöl

3 Knoblauchzehen

Salz

400 g Nudeln (z. B. Spaghetti,
Linguine oder Penne)

1 Dose stückige Tomaten
(»Pizzatomaten«;
400 g Füllmenge)

4 Stiele Basilikum

Pfeffer

50 g Parmesan,
frisch gerieben

**Zubereitungszeit
ca. 30 Min.**

1. Thunfisch in einem Sieb abtropfen lassen. Zwiebeln der Länge nach halbieren, abziehen und in dünne Halbringe schneiden (siehe Seite 10). Öl in einem weiten Topf erhitzen, Zwiebeln hineingeben und bei mittlerer Hitze unter Rühren 3 Minuten braten. Knoblauch abziehen, dazupressen und alles unter Rühren weitere 2 Minuten braten.

2. Inzwischen in einem großen Topf reichlich Wasser bei starker Hitze aufkochen. Wasser kräftig salzen, Nudeln hineingeben, offen aufkochen, dann bei mittlerer Hitze nach Packungsanleitung bissfest garen.

3. Pizzatomaten zu den Knoblauch-Zwiebeln geben und bei mittlerer Hitze aufkochen, dabei gelegentlich umrühren. Thunfisch mit den Fingern grob zerpflücken und unter die Sauce rühren. Bei geringer Hitze 3 Minuten kochen lassen. Basilikum abspülen und trockenschütteln. Tomatensauce mit etwas Salz und Pfeffer abschmecken.

4. Nudeln in ein großes Sieb abgießen, Nudelwasser dabei auffangen. Nudeln kurz abtropfen lassen und mit Tomatensauce und 100 ml Nudelwasser mischen. Nudeln auf Tellern anrichten, mit zerrupften Basilikumblättchen und dem Parmesan bestreuen. Die Sauce dazu reichen.

Clevertipp Zu den Nudeln passt ein bunter Blattsalat, der wirklich einfach zu machen ist – bzw. den ganz Eilige auch bereits geputzt im Kühlregal ihres Supermarkts finden. Dazu können Sie eine leckere Vinaigrette rühren: 3 EL Obstessig, 2 EL kaltes Wasser, etwas Zucker, Salz und Pfeffer mit einem Schneebesen verrühren, bis sich der Zucker aufgelöst hat. 6 EL Olivenöl mit dem Schneebesen kräftig unterschlagen. Salat waschen, trockenschleudern und vorsichtig mit der Vinaigrette mischen.

Kartoffelcurry mit Bohnen

1 Kartoffeln schälen, waschen und trockentupfen, in Würfel (2 x 2 cm) schneiden. Zwiebeln abziehen und grob würfeln (siehe Seite 10).

2 Öl in einem großen Topf erhitzen, Zwiebeln hineingeben und kurz anbraten. Kartoffeln dazugeben und unter Wenden kurz anbraten. Curry zugeben und unterheben. Mit Brühe und Kokosmilch ablöschen. Alles aufkochen und 15 Minuten bei mittlerer Hitze köcheln lassen.

3 Bohnen mit heißem Wasser übergießen. Tomaten waschen und halbieren, dabei die Stielansätze entfernen (siehe Seite 10). Tomaten würfeln. Zusammen mit den Bohnen 8 Minuten vor Garzeitende zum Curry geben und unterheben. Alles aufkochen und fertig garen. Das Curry mit Salz abschmecken.

Clevertipps Für Fleischfans: 400 g gemischtes Hackfleisch in 1 EL heißem Öl ca. 5 Minuten krümelig braten und mit ½ TL Salz und Pfeffer würzen. Heiß über das fertige Curry geben. Knollenvielfalt: Kartoffeln haben unterschiedliche Kocheigenschaften. Im Handel bekommt man »mehlig kochende«, die sich besonders für Klöße, Püree und cremige Suppen eignen. »Vorwiegend festkochende« sind für Salz-, Pellkartoffeln oder Kartoffelgemüse ideal. Und die festkochenden Sorten sind für Kartoffelsalate und Bratkartoffeln die erste Wahl.

Zutaten für 4 Personen

1,2 kg vorwiegend festkochende Kartoffeln

2 Zwiebeln

3 EL Olivenöl

1 gehäufter EL Currypulver

250 ml Gemüsebrühe

400 ml Kokosmilch

300 g TK-Prinzessbohnen

4 Tomaten

Salz

**Zubereitungszeit
ca. 40 Min.**

Paprikaschoten mit Gemüsefüllung

Zutaten für 4 Personen

1 Zwiebel

1 Knoblauchzehe

3 EL Öl

500 g TK-Blattspinat

100 g Schafskäse am Stück

150 g Crème fraîche

Salz

Pfeffer

4 rote Paprikaschoten

300 ml Gemüsebrühe

2 Kochbeutel 10-Minuten-Reis
(à 125 g)

1 EL Mehl

100 g Sahne

**Zubereitungszeit
ca. 45 Min.**

1. Zwiebel und Knoblauch abziehen. Zwiebel würfeln, Knoblauch fein hacken (siehe Seite 10 bzw. 7). Öl in einem mittelgroßen Topf erhitzen, Zwiebel und Knoblauch darin kurz anbraten. Spinat und 5 EL Wasser zugeben und zugedeckt bei mittlerer Hitze auftauen lassen.

2. Schafskäse fein zerbröseln. Spinat in ein Sieb geben und ausdrücken. Crème fraîche, Spinat und Käse verrühren. Spinatmasse mit Salz und Pfeffer würzen.

3. Von den Paprikaschoten einen Deckel abschneiden, Schoten putzen und waschen (siehe Seite 9), eventuell die Böden mit einem Messer vorsichtig begradigen. Dabei keine Löcher in die Frucht schneiden. Die Spinatmasse in die Schoten füllen.

4. Schoten und Deckel in einen Topf setzen. Die Brühe angießen, aufkochen und die Schoten zugedeckt in 20 Minuten garen.

5. In der Zwischenzeit den Reis nach Packungsanleitung in reichlich Salzwasser zubereiten. Mehl und Sahne mit einem Schneebesen glatt verrühren. Fertige Schoten aus dem Topf heben, Sahnemischung einrühren, aufkochen, Schoten wieder hineinsetzen und 3 Minuten bei mittlerer Hitze offen köcheln lassen. Schoten auf Teller setzen, die Sauce mit Salz und Pfeffer abschmecken. Den fertig gekochten Reis dazu servieren.

Clevertipp Wer mag, rührt 3 EL rotes Pesto (aus dem Glas) in die fertige Sauce.

Reispfanne mit Paprika & Champignons

1. Reis nach Packungsanleitung in einem mittelgroßen Topf in kochendem Salzwasser garen. Paprikaschoten putzen, waschen und in kleine Stücke (2 x 2 cm) schneiden (siehe Seite 9). Knoblauch und Zwiebel abziehen. Knoblauch fein hacken (siehe Seite 7), Zwiebel in Würfel schneiden (siehe Seite 10). Pilze gegebenenfalls mit einem feuchten Küchentuch säubern und vom Stiel eine dünne Scheibe abschneiden. Pilze in Scheiben oder Stücke schneiden (siehe Seite 6 bzw. 5).

2. Haselnusskerne grob hacken und ohne Fett in einer beschichteten Pfanne 3 bis 4 Minuten unter Wenden rösten. Herausnehmen, auskühlen lassen. 2 EL Öl in die heiße Pfanne geben und erhitzen. Paprikastücke unter Wenden bei mittlerer Hitze 5 Minuten braten. Knoblauch dazugeben und kurz mitbraten. Paprikastücke mit Salz und Pfeffer würzen und herausnehmen.

3. 3 EL Öl in der Pfanne erhitzen und die Pilze darin 5 Minuten unter Wenden bei mittlerer bis starker Hitze braten. Zum Schluss Thymian und Zwiebel dazugeben und kurz mitbraten. Paprikastücke zum Pilzgemüse geben. Den Reis abgießen und abtropfen lassen. Reis dazugeben und vorsichtig unterheben. Die Reispfanne mit Salz und Pfeffer abschmecken und mit Schmand und gerösteten Haselnusskernen anrichten.

Clevertipps Je nach Geschmack können Sie die Haselnüsse durch Mandeln oder Pinienkerne ersetzen.
Manche Menschen vertragen Paprikaschoten nicht sehr gut. Die Schoten werden besser verträglich, wenn man die zähe Haut vor der Verarbeitung mit einem Sparschäler entfernt.

Zutaten für 4 Personen

2 Kochbeutel 10-Minuten Reis (à 125 g)

Salz

3 Paprikaschoten (rot, grün und gelb)

1 Knoblauchzehe

1 Zwiebel

500 g Pilze (z. B. Champignons und Austernpilze)

50 g Haselnusskerne

5 EL Olivenöl

Pfeffer

1 gestrichener EL Thymian, getrocknet

4 EL Schmand

Zubereitungszeit
ca. 35 Min.

Tomatensuppe »Pizza-Art«

Zutaten für 4 Personen

150 g Champignons

1 mittelgroße Zwiebel

3 EL Öl

1 Knoblauchzehe

2 Dosen stückige Tomaten
(»Pizzatomaten«;
à 400 g Füllmenge)

1 EL Gemüsebrühepulver

1 EL getrocknete
italienische Kräuter

3 grüne Peperoni
(aus dem Glas)

1 Kugel Mozzarella (125 g)

3–4 Stiele Basilikum

Salz

Pfeffer

Zucker

geröstetes Weißbrot
nach Belieben

**Zubereitungszeit
ca. 45 Min.**

1. Champignons putzen und der Länge nach in Scheiben schneiden (siehe Seite 6). Zwiebel der Länge nach halbieren, abziehen und quer in ½ cm dicke Halbringe schneiden (siehe Seite 10).

2. In einem großen Topf 2 EL Öl erhitzen, Champignons darin bei mittlerer Hitze unter gelegentlichem Wenden goldbraun anbraten. Pilze herausheben und auf einem Teller beiseitestellen. 1 EL Öl und die Zwiebel ins Bratfett geben und bei mittlerer Hitze unter Rühren glasig braten. Knoblauch abziehen, dazupressen (siehe Seite 7) und unterrühren. Tomaten und 250 ml Wasser zugeben. Brühepulver und italienische Kräuter unterrühren und zugedeckt bei starker Hitze aufkochen. Die Suppe bei geringer Hitze 20 Minuten köcheln lassen.

3. Inzwischen die Peperoni in ½ cm dicke Ringe schneiden. Mozzarella mit Küchenpapier trockentupfen und in möglichst kleine Würfel schneiden. Basilikum waschen, trockenschütteln und die Blätter abzupfen, diese aufeinanderlegen und in Streifen schneiden.

4. Topf von der Kochstelle nehmen, die Suppe mit einem Schneidstab pürieren. Mit Salz, Pfeffer und Zucker abschmecken. Suppe bei starker Hitze zugedeckt aufkochen. Peperoni und Champignons zugeben und alles bei geringer Hitze 5 Minuten ziehen lassen.

5. Suppe in tiefe Teller geben und mit Mozzarella und Basilikum bestreuen. Vor dem Servieren kurz warten, damit der Käse schmelzen kann. Dazu passt (geröstetes) Weißbrot.

Clevertipp Für Salamipizzafans: Zusätzlich 150 g Cabanossi der Länge nach halbieren und in ½ cm dicke Scheiben schneiden. Nach den Champignons im Bratfett unter Rühren 3 bis 4 Minuten braten. Wurstscheiben aus dem Bratfett heben und mit den Champignons in Schritt 4 in die Suppe geben.

Kartoffeltopf mit Blumenkohl

Zutaten für 4 Personen

800 g Kartoffeln

1 Bund Suppengrün
(ca. 500 g: Möhren,
Knollensellerie, Lauch)

1 Blumenkohl (ca. 1 kg)

1 große Zwiebel

3 EL Öl

1 EL getrockneter Majoran

1 Lorbeerblatt

Salz

Pfeffer

½ Bund Petersilie

**Zubereitungszeit
ca. 45 Min.**

1. Kartoffeln schälen, waschen und in kleine Würfel (1 x 1 cm) schneiden. Suppengrün putzen: Möhren und Sellerie waschen, schälen und in kleine Stücke schneiden (siehe Seite 8). Den Lauch längs halbieren, gründlich waschen und in Scheiben schneiden (siehe Seite 8). Blumenkohl putzen, waschen und in kleine Röschen teilen (siehe Seite 5). Zwiebel abziehen und würfeln (siehe Seite 10).

2. Öl in einem großen Topf (3 bis 5 l Inhalt) erhitzen, Zwiebel darin anbraten. Kartoffeln und Suppengrün dazugeben und kurz mitdünsten. Gewürze, Salz, Pfeffer und 1,3 l Wasser dazufügen. Alles aufkochen und bei mittlerer Hitze zugedeckt 30 Minuten köcheln lassen.

3. 10 Minuten vor Garzeitende den Blumenkohl unterheben und alles fertig garen. Petersilie waschen, trockenschütteln, die Blättchen abzupfen und fein hacken. Eintopf mit Salz und Pfeffer abschmecken und mit Petersilie bestreuen.

Clevertipp Achten Sie beim Gemüsekauf auf Frische! Suppengrün wird fertig portioniert und vorgeschnitten angeboten. Falls das Gemüse gelbliche Verfärbungen aufweist oder trocken wirkt, besser 2 Möhren, 1 dünne Stange Lauch und 1 Knollensellerie (ca. 250 g) einzeln kaufen und wie im Rezept beschrieben verarbeiten.

Kürbiscremesuppe mit geröstetem Brot

Zutaten für 4 Personen

1 Hokkaidokürbis (ca. 900 g)

3 kleine Zwiebeln (ca. 150 g)

1 Stück frischer Ingwer
(ca. 40 g)

1 kleine rote Chilischote

4 EL Öl

2 EL Gemüsebrühepulver

250 ml Orangensaft

2 Scheiben Graubrot

20 g Butter

250 g Schmand

Salz

Pfeffer

Zubereitungszeit
ca. 45 Min.

1. Den Kürbis waschen und abtrocknen, mit einem großen Messer halbieren. Kerne und weiches Inneres mit einem Esslöffel herauskratzen. Ungeschälten (!) Kürbis erst in ca. 2 cm breite Spalten, dann in ebenso große Stücke schneiden (siehe Seite 7).

2. Zwiebeln der Länge nach halbieren, abziehen und fein würfeln (siehe Seite 10). Ingwer mit einem Teelöffel dünn schälen und klein hacken (siehe Seite 9). Chilischote waschen und mit den Kernen in dünne Ringe schneiden. Achtung: nicht mit den Fingern in die Augen kommen – das brennt höllisch!

3. In einem großen Topf 2 EL Öl erhitzen, Zwiebeln darin bei mittlerer Hitze unter Rühren glasig braten. Ingwer, Chili und Kürbis unter Rühren 4 bis 5 Minuten mitbraten. Brühepulver und 750 ml heißes Wasser dazugeben, zugedeckt bei starker Hitze aufkochen und bei geringer Hitze 10 Minuten köcheln lassen.

4. Orangensaft zum Kürbis geben. Alles ca. 10 Minuten köcheln lassen, bis der Kürbis weich ist. Brotrinde dünn abschneiden, Brot 2 cm groß würfeln. Butter und 2 EL Öl in einer Pfanne erhitzen. Brotwürfel hineingeben und bei mittlerer Hitze unter gelegentlichem Rühren goldbraun braten. In der Pfanne beiseitestellen.

5. Topf von der Kochstelle nehmen. 150 g Schmand in die Suppe geben und diese mit einem Schneidstab pürieren, mit Salz und Pfeffer abschmecken. Bei starker Hitze aufkochen, dann in tiefe Teller geben. Den restlichen Schmand darauf verteilen. Die Suppe mit Brotwürfeln bestreuen und servieren.

Clevertipp Für den Vorrat alle Zutaten verdoppeln und die Suppe zubereiten, jedoch ohne Schmand pürieren. Suppenmenge halbieren. Einen Teil genießen, den anderen auskühlen lassen und einfrieren. Bei Bedarf auftauen, erhitzen und frischen Schmand unterrühren.

Gemüsepfanne süßsauer

1. Lauch putzen, waschen und in 3 bis 4 mm dünne Ringe schneiden (siehe Seite 8). Möhren putzen, schälen und in 2 mm dünne Scheiben schneiden (siehe Seite 8). Paprikaschoten putzen, waschen, vierteln und entkernen. Fruchtfleisch in mundgerechte Stücke schneiden (siehe Seite 9). Knoblauch abziehen und fein hacken (siehe Seite 7).

2. Nudeln in einem mittelgroßen Topf nach Packungsanleitung in kochendem Salzwasser garen. Öl in einer großen Pfanne erhitzen. Möhren im heißen Öl 2 Minuten unter Wenden braten. Paprikastücke, Lauch und Knoblauch dazugeben und unter Wenden 5 Minuten braten. Mit Salz und Pfeffer würzen. 100 ml Wasser zugeben und alles zugedeckt weitere 3 bis 5 Minuten garen.

3. Ananas abgießen, den Saft dabei auffangen. Die Hälfte des Saftes, Asia- und Sojasauce miteinander verrühren und zum Gemüse geben. Die Ananasstücke unterheben. Gemüsepfanne aufkochen, mit Salz und Pfeffer abschmecken. Die Nudeln dazu reichen.

Clevertipp Für Fleischfans einfach 1 Möhre und 1 Stange Lauch weglassen und 400 g Schweine- oder Putenschnitzel in 1 cm dicke Streifen schneiden. Zuerst in 2 EL heißem Öl anbraten, mit Salz und Pfeffer würzen und herausnehmen. Dann mit Punkt 2 fortfahren, zum Schluss das Fleisch zusammen mit den Ananasstücken unterheben und erhitzen.

Zutaten für 4 Personen

2 Stangen Lauch

3 Möhren

3 Paprikaschoten
(rot, grün und gelb)

1 Knoblauchzehe

200 g asiatische
Weizennudeln

Salz

3 EL Öl

Pfeffer

1 Dose Ananasstücke
(560 g Füllmenge)

100 ml süßsaure Asiasauce
(aus der Flasche)

3 EL Sojasauce

**Zubereitungszeit
ca. 40 Min.**

Nudelauflauf mit Spinat

Zutaten für 4 Personen

1 Zwiebel

2 EL Öl

1–2 Knoblauchzehen

450 g TK-Blattspinat, gefroren

Salz

400 g kurze Nudeln (z. B. Fusilli, Penne)

200 g Doppelrahmfrischkäse

150 g Gorgonzola

Pfeffer

Außerdem
Öl für die Form

Zubereitungszeit ca. 45 Min.

1. Zwiebel der Länge nach halbieren, abziehen und in kleine Würfel schneiden (siehe Seite 10). Öl in einem großen Topf erhitzen, Zwiebelwürfel darin bei mittlerer Hitze unter Rühren 3 Minuten glasig braten. Knoblauch abziehen, dazupressen (siehe Seite 7) und unterrühren. Gefrorenen Spinat dazugeben und zugedeckt bei mittlerer Hitze nach Packungsanleitung auftauen lassen.

2. Inzwischen in einem großen Topf reichlich Wasser zugedeckt zum Kochen bringen. Wasser kräftig salzen, Nudeln hineingeben und offen aufkochen. Nudeln bei mittlerer Hitze nach Packungsanleitung bissfest garen, anschließend abgießen und sehr gut abtropfen lassen.

3. Backofen auf 200 °C (Umluft 180 °C) vorheizen. Eine große Auflaufform (Inhalt ca. 2,5 l) mit etwas Öl einfetten.

4. Erst den Frischkäse unter den Spinat rühren, dann die Hälfte vom Gorgonzola untermischen. Spinat mit etwas Salz und Pfeffer abschmecken. Nudeln unterrühren. Spinat-Nudel-Mischung in der Auflaufform verteilen.

5. Den restlichen Gorgonzola mit einem Teelöffel in kleinen Stückchen abstechen und auf der Spinat-Nudel-Mischung verteilen. Im heißen Ofen auf dem Rost in der mittleren Schiene in 12 bis 15 Minuten goldbraun überbacken.

Clevertipp Für Fleischfreunde: Während die Nudeln kochen, 400 g Hähnchenbrustfilet oder Putenschnitzel kalt abspülen, mit Küchenpapier trockentupfen und in 2 cm große Würfel schneiden. 2 EL Öl in einer großen Pfanne erhitzen. Fleischwürfel darin bei starker Hitze unter Rühren in 5 Minuten goldbraun braten, mit etwas Salz und Pfeffer würzen und unter den Spinat mischen. Wie in Schritt 4 beschrieben weitermachen.

Mediterranes Gemüse aus dem Ofen

Zutaten für 4 Personen

3 Zucchini (ca. 600 g)

3 Paprikaschoten
(rot, grün und gelb)

4 Möhren (ca. 350 g)

1 Bund Frühlingszwiebeln

2 Knoblauchzehen

250 g Kirschtomaten

6 EL Olivenöl

1 gehäufter EL getrocknete
italienische Kräuter

Salz

Pfeffer

2 Packungen Kräuterquark
(à 250 g)

1 Baguette

**Zubereitungszeit
ca. 45 Min.**

1. Backofen auf 220 °C (Umluft 200 °C) vorheizen. Zucchini putzen, waschen und längs halbieren. Die Hälften in ca. 1 cm große Stücke schneiden (siehe Seite 10). Paprikaschoten putzen, waschen und vierteln. Kerngehäuse entfernen und in Stücke (1,5 x 1,5 cm) schneiden (siehe Seite 9). Möhren putzen, schälen und in dünne Scheiben (3 mm) schneiden. Frühlingszwiebeln putzen, waschen und in 4 cm lange Stücke schneiden. Knoblauch abziehen. Tomaten waschen und halbieren.

2. Öl, italienische Kräuter und 1 TL Salz verrühren. Knoblauch zum Öl pressen. Gemüse – bis auf die Tomaten – auf der Fettpfanne des Backofens verteilen und das Kräuteröl darübergießen. Gemüse und Öl sorgfältig vermengen und mit Pfeffer würzen.

3. Das Gemüse im heißen Ofen 25 bis 30 Minuten backen, dabei 1-mal wenden. 5 Minuten vor Backzeitende die Tomatenhälften unterheben und alles fertig backen, dann mit Salz und Pfeffer abschmecken. Mit Kräuterquark und Baguette servieren.

Clevertipp Das Gewürz »Italienische Kräuter«, das es fertig zu kaufen gibt, besteht aus Oregano, Basilikum, Majoran, Rosmarin, Thymian, Bohnenkraut und Salbei. Wenn Sie gerne selbst frische Kräuter im Garten oder auf der Fensterbank ziehen, können Sie natürlich auch 1 Handvoll frische Kräuter (z. B. Rosmarin, Thymian und Basilikum) fein gehackt in Schritt 2 verwenden.

Gemüsequiche mit Tomaten und Zucchini

Zutaten für 4 Personen

300 g TK-Blätterteig
(4 Scheiben à 75 g)
2 Zucchini (ca. 400 g)
1 Stange Lauch (ca. 250 g)
2 EL Öl
Salz
Pfeffer
3 Eier (Größe M)
150 g Crème fraîche
abgeriebene Schale
von ½ Biozitrone
150 g Kirschtomaten

Außerdem
Mehl für die Arbeitsfläche
Teigroller
Springform (28 cm Ø)

**Zubereitungszeit
ca. 45 Min.**

1. Backofen auf 220 °C (Umluft 200 °C) vorheizen. Blätterteigplatten auf etwas Mehl nebeneinander auftauen lassen.

2. Zucchini putzen, waschen und längs vierteln, dann in Stücke (1,5 x 1,5 cm) schneiden. Lauch putzen und waschen, längs halbieren und in Halbringe (3 bis 4 mm) schneiden (siehe Seite 8). Öl in einer großen Pfanne erhitzen und das Gemüse darin 5 Minuten unter Wenden braten. Mit Salz und Pfeffer würzen.

3. Eier, Crème fraîche und Zitronenschale glatt verrühren. Mit 1 gestrichenen TL Salz und Pfeffer würzen. Teigplatten übereinanderlegen und auf etwas Mehl zu einem Rechteck (30 x 33 cm) ausrollen. Die Springform mit der Teigplatte auslegen und das Zucchini-Lauch-Gemüse darauf verteilen. Tomaten waschen, halbieren und auf das Gemüse setzen. Eiermasse darübergießen. Quiche im heißen Ofen auf der 2. Schiene von unten 25 Minuten lang backen.

4. Die fertige Quiche aus dem Ofen nehmen, den Teig mit einem Messer vorsichtig vom Rand lösen. Die Springform öffnen und die Quiche in Stücke schneiden.

Clevertipp Würziger, aber auch etwas gehaltvoller wird das Ganze, wenn Sie 50 g geriebenen mittelalten Gouda 10 Minuten vor Backzeitende über die Quiche streuen.

Nudeln mit Käsesauce

1. Nudeln in einem großen Topf in kochendem Salzwasser nach Packungsanleitung garen. Zwiebel und Knoblauch abziehen. Zwiebel in Würfel schneiden (siehe Seite 10), Knoblauch fein hacken (siehe Seite 7). Petersilie waschen, trockenschütteln, die Blättchen abzupfen und fein hacken.

2. Butter in einem Topf zerlassen, Zwiebel und Knoblauch darin glasig braten. Mehl einrühren und kurz anschwitzen. Unter Rühren mit einem Schneebesen Milch und Brühe zugießen und aufkochen lassen. Die Sauce 5 Minuten lang unter Rühren bei mittlerer Hitze köcheln lassen.

3. Blauschimmelkäse in kleine Stücke schneiden. Zusammen mit dem geriebenen Gouda in die heiße Sauce rühren und schmelzen lassen. Die Sauce mit Salz, Pfeffer und Zitronensaft abschmecken. Die Nudeln abgießen und abtropfen lassen. Nudeln und Sauce mischen, mit der gehackten Petersilie bestreuen und sofort servieren.

Clevertipp Dazu passt Tomatensalat mit einer Essig-Öl-Vinaigrette und Zwiebeln: 2 EL Essig (z. B. Apfelessig), 1 fein gehackte kleine Zwiebel, Salz, Pfeffer und 50 ml Gemüsebrühe miteinander verrühren. 4 EL neutrales Öl (z. B. Raps- oder Sonnenblumenöl) mit dem Schneebesen unterrühren. 500 g Cocktailtomaten waschen, halbieren und mit der Vinaigrette vermengen.

Zutaten für 4 Personen

400 g kurze Nudeln (z. B. Penne)

Salz

1 Zwiebel

1 Knoblauchzehe

½ Bund Petersilie

1 EL Butter

1 EL Mehl

200 ml Milch

100 ml Gemüsebrühe

100 g Blauschimmelkäse (z. B. Gorgonzola)

100 g geriebener, mittelalter Gouda

Pfeffer

etwas Zitronensaft

Zubereitungszeit
ca. 35 Min.

Gurken-Eier-Ragout

Zutaten für 4 Personen

8 Eier (Größe M)

1 Zwiebel

2 Salatgurken

2 EL Öl

300 ml Gemüsebrühe

250 g Crème fraîche

2 EL Senf (z. B. körniger)

1 EL Mehl

2 Bund Dill

2 Kochbeutel
10-Minuten-Reis (à 125 g)

etwas Zucker

Salz

**Zubereitungszeit
ca. 45 Min.**

1. Eier 10 Minuten hart kochen. Zwiebel abziehen und in Würfel schneiden (siehe Seite 10). Gurken schälen, längs halbieren, Kerne mit einem Teelöffel herauskratzen. Die Gurken quer in gut 1 cm dicke Stücke schneiden (siehe Seite 9).

2. Öl in einem mittelgroßen Topf erhitzen und die Zwiebel darin anbraten. Gurkenstücke dazugeben und kurz mitdünsten. Mit Brühe ablöschen, alles aufkochen und 15 bis 18 Minuten bei mittlerer Hitze köcheln lassen.

3. Crème fraîche, Senf und Mehl glatt verrühren. Dill waschen, trockenschütteln, abzupfen und hacken. Reis nach Packungsanleitung in kochendem Salzwasser garen. Die Crème-fraîche-Mischung nach 10 Minuten zum Gurkengemüse geben, einrühren, alles aufkochen und fertig garen.

4. Gurkengemüse mit 1 gestrichenen TL Zucker und etwas Salz würzen. Den Dill unterrühren. Die Eier pellen, halbieren, zum Gurkengemüse geben und darin erhitzen. Den fertigen Reis abtropfen lassen und mit dem Gurken-Eier-Ragout anrichten.

Clevertipp Statt der Eier schmecken auch Bratwürste und Salzkartoffeln (siehe Seite 11) ganz hervorragend zum Gurkengemüse.

Wirsingtopf mit Möhren und Kartoffeln

1. Kartoffeln waschen und schälen, 3 cm groß würfeln und in eine Schüssel mit kaltem Wasser legen. Möhren waschen, schälen und der Länge nach halbieren, dann in 1 cm dicke Stücke schneiden (siehe Seite 8). Zwiebel der Länge nach halbieren, abziehen und würfeln (siehe Seite 10). Brühe in einem Topf aufkochen.

2. Öl in einem großen Topf erhitzen. Zwiebel darin bei mittlerer Hitze unter Rühren glasig braten. Möhren und abgetropfte Kartoffeln dazugeben und 2 Minuten mitbraten. Gemüse mit etwas Salz und Pfeffer bestreuen. Brühe zugießen, zugedeckt bei starker Hitze aufkochen und dann 10 Minuten bei geringer Hitze köcheln lassen.

3. Inzwischen vom Wirsing die äußeren Blätter entfernen, den Wirsing waschen, vierteln und den harten Strunk herausschneiden. Wirsingviertel in 2 cm breite Streifen schneiden (siehe Seite 10). Zu den Möhren und Kartoffeln geben, zugedeckt bei starker Hitze aufkochen und bei geringer Hitze weitere 10 Minuten köcheln lassen.

4. Bohnen in einem Sieb kalt abspülen und zum Wirsingtopf geben, weitere 5 Minuten bei geringer Hitze köcheln lassen. Wirsingtopf auf tiefe Teller verteilen und je etwas Basilikumpesto darauf geben. Dazu passt Baguette sehr gut.

Clevertipp Statt grünem Pesto (mit Basilikum) schmeckt auch rotes Pesto (mit Tomaten) ganz toll. Man kann außerdem geröstete Baguettescheiben damit bestreichen und sie zur Suppe reichen.

Zutaten für 4 Personen

700 g vorwiegend festkochende Kartoffeln

3 Möhren (ca. 400 g)

1 Zwiebel

1,2 l Gemüsebrühe

3 EL Öl

Salz

Pfeffer

1 kleiner Wirsing (ca. 700 g)

1 Dose weiße Bohnen (400 g Füllmenge)

4 TL grünes Pesto (aus dem Glas)

Baguette nach Belieben

Zubereitungszeit ca. 45 Min.

Impressum

3. Auflage
© 2016 buecherschmie.de Verlag – Jan-Dirk Hansen,
Lazarettstraße 11, 80636 München
www.buecherschmie.de

Die Verwertung der Texte und Bilder, auch auszugs-
weise, ist ohne Zustimmung des Verlags urheber-
rechtswidrig und strafbar. Dies gilt auch für Verviel-
fältigungen, Übersetzungen, Mikroverfilmung und für
die Verarbeitung mit elektronischen Systemen.

Hinweis

Die Ratschläge/Informationen in diesem Buch sind
von Autorin und Verlag sorgfältig erwogen und ge-
prüft worden. Dennoch kann eine Garantie nicht über-
nommen werden. Eine Haftung der Autorin bzw. des
Verlags und seiner Beauftragten für Personen-, Sach-
und Vermögensschäden ist ausgeschlossen.

Über die Autorin

Ira König ist studierte Umwelt- und Gesundheits-
pädagogin und leidenschaftliche Köchin.
Sie hat lange für namhafte Foodzeitschriften als
Redakteurin gearbeitet und ist heute als freie Food-
journalistin und Autorin erfolgreich. Es sind bereits
zahlreiche Kochbücher von ihr erschienen.

Projektleitung Jan-Dirk Hansen
Redaktion Text & Form, Nicola von Otto
Korrektorat Susanne Langer
Fotografie, Styling, Foodstyling
Jan-Dirk Hansen
Druck & Bindung Neografia a.s., Martin

Printed in Slovakia

ISBN 978-3-943471-00-7

buecherschmie.de Verlag Jan-Dirk Hansen
Lazarettstraße 11 | 80636 München
Email: info@buecherschmie.de
www.buecherschmie.de

Weitere Informationen

Unter www.buecherschmie.de finden
Sie uns im Internet. Hier können Sie
u. a. zu den Rezepten in diesem Buch
Einkaufslisten herunterladen.

Wichtige Abkürzungen und Maßeinheiten

EL Esslöffel

TL Teelöffel (weniger als die Hälfte von 1 EL)

gestrichen Löffel ist (wie mit dem Zeigefinger darüber-
gestrichen) gerade eben bis zum Rand voll

gehäuft Löffel ist mit einem kleinen Häufchen gekrönt;
etwa die eineinhalbfache Menge eines gestrichenen Löffels

Msp. Messerspitze; 2–3 Prisen

Prise Menge, die man zwischen Daumen und Zeigefinger
halten kann

TK Tiefkühl- ...

ø Durchmesser (z. B. bei Topf, Pfanne oder Springform)